川本三郎

陽だまりの昭和

白水社

陽だまりの昭和◉目次

VII　食の風景

〔題字・装画・挿絵〕コーチはじめ
〔装幀〕奥定泰之

I　昭和の暮し

郊外住宅地

小市民のささやかなユートピア

一家揃って遊園地へお出かけ

成瀬巳喜男監督のホームドラマの名作『おかあさん』（一九五二年）に向ヶ丘遊園地が出てくる。大田区の蒲田あたりで暮すクリーニング店の物語。

父親が亡くなった一家の暮しは楽ではない。母親（田中絹代）は二人いる女の子のうち下の子を親類の家に養子に出すことにする。

その前に一家で向ヶ丘遊園地に遊びに行く。最後の一家揃ってのお出かけである。子供電車に乗り、ウォーターシュートに乗る。子供たちは大喜び。それを見て母親も笑顔を見せる。家族の楽しい休日になった。

向ヶ丘遊園地の開園は昭和二年（一九二七）と早い。昭和二年といえば、小田急が開通した年。鉄道の開通と共に遊園地を作っている。無論、乗客を増やすための工夫だが、同時に、まだ自然が豊かな郊外で、小市民の親子連れが一日楽しめる施設を造りたいという思いもあっただろう。

「郊外」は希望の言葉

昭和のはじめは東京の郊外――、現在の杉並区や世田谷が郊外住宅地として開けていった時代である。

大正十二年(一九二三)の関東大震災によって東京の市中が大きな打撃を受けたため、東京は西へ、西へと人口が移動して、それまでは武蔵野の雑木林や畑があったところに住宅地が造られていった。

最近は「郊外」という言葉はあまり使われなくなったが、昭和のはじめには「郊外」は新しい住宅地として希望の言葉だった。

個人的なことになるが、私は昭和十九年(一九四四)に小田急線の参宮橋駅に近い郊外住宅地(代々木山谷《さんや》)に生まれた。

両親が代々木に新居を構えたのは小田急が開通した二年後の昭和四年(一九二九)。五人の子供が生まれ、私は五番目。父親は役人。昭和の小市民といえよう。

参宮橋は新宿の西口に近いが、西口には昭和三十年代まで浄水場があり(いま新宿副都心のあるところ)、東京ガスのガスタンクがあった(現在、新宿パークタワーのあるところ)。浄水場やガスタンクがあったということは西口が郊外だったことの名残り。

新宿の東口は当時すでに、にぎやかになっていたが、西口はまだ郊外だった。私の両親はそこに新居を構えた。いまふうにいえばマイホーム。子供が五人もいる家庭は現在では極めて珍しいが、当時は、さして珍しくなかった。市中よりも緑が多く、空気がきれいな郊外は小市民が子供を育てるには環境がよかった。

このことは昭和三十年代になっても変わらない。

東京オリンピックの直前、昭和三十八年(一九六三)に公開された山田洋次監督、倍賞千恵子主演の『下町の太陽』では町工場が多く空気が汚れている東京の下町と、緑豊かな郊外住宅地が対比されている。

ちなみに現代では忘れられかけているが、東京は昭和四十年代までは、京浜工業地帯や京葉工業地帯に代表されるように工業都市だった。

だからそれとの対比で、空気のきれいな郊外住宅地が求められた。

新宿は西への玄関口

東京は西へ西へと発展している。それを象徴するように平成三年(一九九一)に東京都庁は有楽町から西の新宿に移転した(前述したように浄水場があった跡地)。

江戸時代の宿場町、新宿が発展してゆくのは昭和のはじめ。東京が西へ開けてゆく時代に、新宿がその玄関口になった。震災後の新しい盛り場として急速に発展した。

昭和四年（一九二九）に大流行した「東京行進曲」は四番で「シネマ見ましょか　お茶のみましょか　いっそ小田急で　逃げましょか　変る新宿　あの武蔵野の　月もデパートの　屋根に出る」（西條八十作詞）と歌った。

流行歌に新宿が登場するのは、この頃からだろう。それだけ新宿は浅草や銀座と並ぶにぎやかな盛り場になっていった。

「東京行進曲」については『小田急五十年史』（小田急電鉄、昭和五十五年）に面白いことが書かれている。

「いっそ小田急で逃げましょか」とは恋人たちが小田急に乗って箱根あたりに行くことをいっている。だから「わが社の電車を駆落ち電車みたいに書くとはけしからん」と怒った重役もいたが、結果的には、これが開業早々の小田急の大宣伝になった。そのため、小田急は、西條八十に終身優待乗車証を贈ったという。ちなみに西條八十は成城学園前駅近くの大邸宅に住んだ。

文士村、映画村となった小田急線沿線

小田急が開通した昭和二年（一九二七）に現在の喜多見に移り住んだのは民俗学者の柳田國男。「町の話題」（昭和二十八年）というエッセイにこう書いている。

「昭和二年の四月、始めて小田急が通じて、この不細工な家を立てた頃には、あたりは一面のクヌギ林、その外は麦畠、遠くにただ一軒の赤い瓦の屋根が見えるばかり、春は雲雀《ひばり》の声が終日絶えなかった」

クヌギ林、麦畑、ひばりの声。柳田國男は市中の喧騒からまったく離れたこの郊外住宅地がよほど気に入ったのだろう、昭和三十五年（一九六〇）に没するまでこの地に住んだ。

成城学園には昭和のはじめ、平塚らいてうが住んだ。砧《きぬた》には北原白秋が住んだ。代田には萩原朔太郎が住んだ。

挙げてゆくと切りがないが、昭和のはじめの小田急線の沿線には、文人が数多く住んだ。やはり関東大震災のあとに開けた郊外住宅地の中央線沿線には、井伏鱒二をはじめ数多くの文人が移り住み、現在、「阿佐ヶ谷文士村」と顕彰されているが、小田急線沿線も、昭和のはじめには文士村のようになっている。

郊外は土地が広い。

そのために向ヶ丘遊園地が造られたわけだが、同じように広い土地を必要とする映画の

撮影所も郊外住宅地に造られた。

　昭和七年（一九三二）には、現在の東宝の前身であるＰＣＬの撮影所が成城に造られ（昭和十二年に東宝に改称）、小田急線沿線は文士村であると同時に映画村にもなった。

　現在も東宝スタジオは同じ地にある。撮影所に近い成城学園の町には、黒澤明、市川崑ら映画人が多数住むようになった。

　トーキーの第一作、五所平之助監督、田中絹代主演の『マダムと女房』が作られたのが昭和六年（一九三一）だったことで分かるように、映画は昭和に入って急速に成長した。ちなみに『マダムと女房』は、郊外住宅地に住む若い夫婦の物語で、撮影は当時の郊外住宅地だった田園調布。

『おかあさん』の監督、成瀬巳喜男も成城に住んだ。子供が小さかった頃、家族で向ヶ丘遊園地に遊びに行ったのだろう。その良き思い出が『おかあさん』に反映されたのではないか。郊外住宅地は昭和の小市民のささやかなユートピアとして発展していった。

犬を飼う暮し

犬の名前の定番は「ポチ」

核家族と犬

昭和の郊外住宅に住む小市民の暮しを振り返ってみると、そこには必ず犬がいる。

たとえば、昭和七年（一九三二）に作られた小津安二郎監督のサイレント映画『生れてはみたけれど』。

東京の郊外（池上線か目蒲線の沿線と思われる）に住む一家は、丸の内あたりの会社に勤める父親（斎藤達雄）と専業主婦の母親（吉川満子）、小学生の男の子が二人という四人家族。

そして家には犬がいる。庭にちゃんと犬小屋を作ってもらっている。病気になると、近所から獣医がやって来る。一家に大事にされていることが分かる。

郊外の庭付き一戸建て、和洋折衷のいわゆる文化住宅は、昭和の小市民の幸福の象徴である。かつての大家族とは違った、両親と子供たちだけの小さな家族。そこにはたいてい犬がいる。

石井桃子原作、倉田文人監督の『ノンちゃん雲に乗る』（一九五五年）も、まだ麦畑の残る東京郊外に住む小市民一家の物語。

都心の会社に通うお父さん（藤田進）、お母さん（原節子）、お兄さん、それにノンちゃん（鰐淵晴子）の四人家族。

そしてやはり、この家にも犬がいる。名前は『生れてはみたけれど』と同じでエス。庭にはちゃんと犬小屋があって「エスの家」と書かれている。お父さんが休日に作ったのだろう。やはり犬が可愛がられている。

石井桃子の原作を読むと、捨てられていた犬をお兄さんが拾ってきて飼うようになったとある。犬を拾ってくるのはたいていは子供だった。普通は、なかなか親が飼っていいといわないのだが、ノンちゃんの家では許してもらえた。子供たちもエスも幸せだ。

明治・大正の文豪たちが愛した、犬の物語

犬が番犬や猟犬というより、ペットとして飼われるようになったのは近代になってからではあるまいか。

〈ポチはほんとに可愛いな

の歌詞がある唱歌「犬」が作られたのは明治四十四年（一九一一）だから、この頃から、犬を飼う習慣が始まったのではないか。

近代の小説で、最初に犬が登場するので知られるのは明治四十年（一九〇七）に発表された二葉亭四迷の自伝的小説『平凡』。

少年時代の二葉亭がある夜中、犬の啼き声で目を覚ます。捨て犬らしい。玄関の格子戸を開けると、生まれて間もない赤ちゃけた子犬が尻尾を振って、こちらを見上げている。幸い、母親も「まあ、可愛らしい」と言ってくれたのでこの犬を飼うことが出来る。ポチと名前を付けて可愛がる。少年と犬のあいだに〝友情〟が生まれる。

しかし、のちに野犬狩りにあってポチは殺されてしまうのだが。

ポチという名前は、フランス語のプティ（小さい）からとられたと思われるが、唱歌「犬」の名前もポチだったように、昔は、犬の名前といえばポチが定番だった。

有島武郎に『火事とポチ』（大正十一年）という童話がある。

「僕」の家では大きな犬を飼っている。名前はポチ。冬の寒い晩、「僕」はポチが吠える声で目を覚ます。気がつくと家が火事になっている。ポチは吠え続け、家族みんなを起こす。おかげで家族全員が助かるのだが、みんなを助けたポチは死んでしまう。犬の死が「僕」の悲しい思い出になる。

二葉亭四迷『平凡』のポチの死がそうだったように。それだけ犬が大事にされていたことが分かる。

夏目漱石というとすぐに猫を思い出してしまうが、この文豪は犬も飼っていた。随筆『硝子戸の中《うち》』（大正四年）によれば、漱石は友人から子犬をもらい、それを可愛がった。名前はヘクトー。『イリアッド』に出てくる勇将の名から取った。ポチに比べると立派だ。

そのヘクトーがある時、行方不明になってしまう。一週間ほどたって、近所の人が、その家の池に死んだ犬が浮いていると知らせてくれる。ヘクトーだった。

漱石は庭に墓を作ってやり、小さな墓標に一句書く。「秋風の聞えぬ土に埋めてやりぬ」。夏目家でも犬が大事にされていた。

捨て犬を拾う

一般に東京では、猫は下町、犬は山の手という。住宅が密集した下町では、犬は飼いにくい。庭のある家ではじめて犬が飼える。

その点で、明治四十二年（一九〇九）生まれの作家、大岡昇平は回想記『少年　ある自伝の試み』（昭和五十年）で興味深いことを書いている。

少年時代（大正のなかごろ）、犬を飼うことは贅沢だった。大岡家は、あまり裕福ではなく、渋谷の長屋のようなところに住んでいた。大岡少年は、犬が飼いたくても、親に飼ってとは言えなかった。

その後、父親が株で成功し、渋谷の一戸建ての家に移った。そこではじめて父親に、犬を飼ってとねだったが、父親は庭を盆栽でいっぱいにしたため、大事な鉢をひっくり返すからと言って犬を飼ってくれなかったと言う。

大岡昇平は、また『少年』のなかで「当時畜犬は今日のように普及していなかった」と書いている。

犬を飼うことは贅沢だったことが分かる。それが昭和に入って、ようやく一般化し、『生れてはみたけれど』や『ノンちゃん雲に乗る』のように郊外住宅地の小市民の家庭で犬が飼われるようになる。

忠犬ハチ公は、そうした昭和の小市民に飼われたもっとも有名な犬だろう。

子供の頃、捨て犬を拾ってきて、親に怒られ、泣く泣くまた捨てに行った悲しい思い出は、ある世代の人間には誰にもあるだろう。

佐多稲子原作、川頭義郎監督『子供の眼』（一九五六年）の小学生の男の子（名子役、設楽幸嗣）は、原っぱに捨てられていた子犬を拾ってくる。しかし、犬の嫌いな母親（高峰三枝子）に「捨てて来なさい」と叱られる。泣く泣く子犬をかかえ、遠くへ捨てに行く。子供にとっていちばんつらい日になる。

その点、島耕二監督『銀座カンカン娘』（一九四九年）のポチは幸せだ。世田谷あたりの郊外住宅地に下宿している画家の卵の高峰秀子が下宿のおばさんに、この家の甥（灰田勝彦）が飼っているポチを捨ててくるように命じられる。戦後の食糧難の時代。犬を飼う余裕がないから。

そこで高峰秀子はポチを捨てにゆくのだが可愛そうで捨て切れず、おばさんに内緒で飼うことにする。優しい女の子だ。

管理社会の現代、町にはもう野良犬がいなくなった。したがって昔のように雑種が生まれなくなった。

最近の犬は、ブリーダーが育てる名犬ばかり。少し寂しい。

こたつを囲んで

家で一番暖かい場所

家族団欒の象徴

「炬燵」と書いて「こたつ」。

いまではもう懐かしい暖房具になる。どういうものか知らない若い世代も多いのではないだろうか。

文化勲章を受章した昭和の画家、片岡球子に《炬燵》（昭和十年）という作品がある。大きなこたつに母親と、女学生らしい娘があたっている。母親は編物をし、娘は本を読んでいる。冬の夜の穏やかなひととき。こたつの温かさが伝わってくる。母親も娘も着物姿なのはいかにも昭和の家族風景。

明治末に作られ、いまも歌い継がれている唱歌「雪」に「猫はこたつで丸くなる」とあるように、こたつは家のなかでもっとも暖かい場所だった。一家団欒《だんらん》の象徴だった。

夫の足袋をこたつで温める

こたつには置きごたつと掘りごたつがある。置きごたつは火鉢から、掘りごたつは囲炉裏から生まれた。広く普及してゆくのは明治になってからだろう。上に掛ける毛織物の生産が増えたことが大きい。

私の子供時代、東京の家庭でも冬は火鉢とこたつが欠かせなかった。燃料のたどんをおこすのは子供でも出来るいい手伝いだった。

庶民の家の居間には、冬になるとどこでもこたつが置かれる。東京の下町、荒川沿いに住む庶民の暮しを描いた昭和二十八年(一九五三)公開の映画、椎名麟三原作、五所平之助監督『煙突の見える場所』では、上原謙と田中絹代の夫婦の家にこたつがある。

片岡球子《炬燵》昭和10年作 北海道立近代美術館蔵

ちなみに、木枯しの吹き始める頃、その冬はじめてこたつを出すことを「こたつ開き」といった。

冬の寒い日、夫の上原謙が勤めから家に帰ってくると真先にこたつにもぐりこむ。コートのままなのは、こたつは身体が温まるまで背中が寒いため。

奥さんの田中絹代がここで面白いことをする。こたつのなかから足袋を取り出して「はい」と夫に渡す。足袋をこたつで温めていた。奥さんの何気ない愛情が出ている。この時代、男は背広で勤めに出て、家に帰ると和服に着替えたものだった。

この夫婦は二階を若い男女、芥川比呂志と高峰秀子に貸している。恋人どうしとは言えないが仲がいい。部屋は障子を隔てて別だがこたつは共有している。安月給の身だからだろう。二人仲良くこたつに入る。この二人、最後はどうやら一緒になるらしい。こたつが愛情を温めた。

昭和の映画を演出する小道具

こたつは映画のなかでしばしば男女の愛情の場所になる。

川端康成原作、豊田四郎監督の『雪国』（一九五七年）では、昭和十年ごろ、東京から新潟県の雪深い温泉宿にやってきた画家の池部良が部屋のこたつに入る。

なじみになった芸者、岸惠子が呼ばれてやって来る。二人は仲良くこたつに入る。こたつのそばには火鉢があり、そこにはやかんが掛けられ、酒が燗《かん》されている。ほどよいところで岸恵子がそれを取り出し、池部良にお酌をする。

こたつのなかで美女のお酌で燗酒を飲む。男にとって最高のひとときだろう。

川端康成の原作には主人公の島村（原作では職業は舞踊評論家）が、ある時、芸者の駒子の部屋に遊びに行くくだりがある。

蚕を飼っていた農家の屋根裏を部屋にしている。部屋にはこたつがあり、駒子は部屋に入るとまず、

「火燵《こたつ》蒲団《ぶとん》に手を入れてみて、火を取りに立った」

現代ではこの文章には注が必要だろう。部屋に入り、こたつに手を入れてみて温かくなかったので、駒子は階下の主人の部屋に火を取りに行っている。

女性が、上にかけた蒲団からこたつに手を入れて、温かいかどうかを確認する。これは昔の女性のたおやかなしぐさのひとつだった。

『男はつらいよ』シリーズの第三作『フーテンの寅』（森﨑東監督、一九七〇年）では新珠三千代がこのしぐさをしている。

おいちゃんとおばちゃん（森川信、三崎千恵子）が冬、骨休みに三重県の湯の山温泉に出かける。

宿に到着し、部屋に入る。ちゃんとこたつが用意されている。入ろうとするとおかみの

新珠三千代（きれい！）が挨拶に来る。そしてまずこたつに手を入れて、温まっているかどうか確かめる。冬の旅館のサービスの基本だろう。

『フーテンの寅』にはユーモラスな場面もある。渥美清の寅さんは例によって美しい旅館のおかみさんに惚れて、宿の番頭になる。

冬のある夜、おかみさんとその弟（河原崎建三）、弟の恋人（香山美子）と四人でこたつにあたる。

そしてこたつの蒲団の下でひそかに憧れのおかみさんの手を握る。ところが間違えて、弟の手を握ってしまう。こたつの時代の定番のギャグ。

生活の洋風化とともに

林芙美子の名作『浮雲』（昭和二十六年）では、道ならぬ恋をしている富岡とゆき子の二人が、ある冬、伊香保温泉に出かける。そこでたまたま知り合ったバーの主人と若い女性と四人でこたつに入る。

富岡は、この若い女性に気がある。そして——、「富岡は、何気なく、女の膝に胡坐《あぐら》を組んだ自分の足の先をきつくあててみた。女は知らん顔をしている。富岡は、左の手で、蒲団の中の女の手にふれてみた。そして、静かに、女の横顔をみつめたまま強く握り締めた」。

こたつの温かさが男の浮気心に火をつけたようだ。

こたつが消えてゆくのは生活が洋風化してゆく昭和三十年代の後半あたりからだろう。

現代の作家、中島京子の「さようなら、コタツ」(『さようなら、コタツ』マガジンハウス、平成十七年。のち集英社文庫)はこんな文章で始まっている。

「今朝、梨崎由紀子は十五年間使っていたコタツを捨てた」

わが家にもこたつはもうとうになくなっている。

傘を持ってお迎え

夕暮れ時の駅前風景

〽雨 雨 降れ降れ 母さんが 蛇の目でお迎え うれしいな

誰もが一度は歌ったことがある童謡「雨降り」（北原白秋作詞、中山晋平作曲）だが、現在では、雨の日の「お迎え」というものが次第に減ってきている。「母さん」が忙しくなってきているし、廉価なビニール傘や折りたたみ傘が普及したためだろう。歌詞にある「蛇の目」という和傘も、いまでは消えつつある。

勤め帰りの父親をお迎えに

向田邦子は、少女時代（昭和十年代）、夕方になって雨が降り出した時、帰宅する父親を迎えに、傘を持って駅に行ったとエッセイ「知った顔」（『霊長類ヒト科動物図鑑』昭和五十六年）で書いている。

当時、向田家は東京の新しい郊外住宅地、中目黒に住んでいた。最寄りの駅は東横線の祐天寺駅。

「夕方になって雨が降り出すと、傘を持って駅まで父を迎えにゆかされた。今と違って駅前タクシーなど無い時代で、改札口には、傘を抱えた奥さんや子供が、帰ってくる人を待って立っていた」

昭和戦前期の郊外住宅地で日常的に見られた、小市民の暮しのひとこまである。夕方になって雨が降り始めると、勤めから戻る父親が雨に濡れないようにと、母親や子供が傘を持って駅に迎えにゆく。

「駅前タクシーなど無い時代」とあるのもなるほどと思う。タクシーの普及も、「お迎え」風景が消えた一因になっている。

当時、杉並区の荻窪に住んだ劇作家、伊馬鵜平《いまうへい》（戦後、春部《はるべ》と改名）の昭和十年（一九三五）の作品『春の出迎え』には、雨が降り出した日の夕方の中央線、荻窪駅の様子が、こんなふうに描かれている。

「今日の天気予報はよくあたって、お昼過ぎからポツリポツリと雨が降ってきた。さあ、こうなると郊外の荻窪駅なんか大変である。女中さんと若奥さんや子供たちで黒山の人だかり。（略）それぞれお勤めからお帰りの旦那さまや御主人やお父さんやを、傘を持って出迎えに来ているのである」

この文章にある「旦那さま」「御主人」という言葉に、現代の女性は反発するかもしれない。「お迎え」の光景が見られなくなった一因は女性が強くなったこともあるだろう。

昭和三十年代の映画でも

「お迎え」は昭和三十年代の映画にも描かれる。

昭和三十三年（一九五八）に公開された野村芳太郎監督の『張込み』は、松本清張の短篇を映画化した非常に面白いサスペンス映画だが、このなかに印象的な「お迎え」の場面がある。

東京で強盗殺人事件が起こる。犯人は若い労働者（田村高廣）。行方が分からない。昔の恋人（高峰秀子）のところに立ちまわる可能性がある。

東京から二人の刑事（宮口精二、大木実）が、その恋人の住む九州の佐賀市にまで行き、張込む。彼女は、年の離れた銀行員の後妻になり、つましい暮しをしている。二人の刑事は、その家の前にある旅館の二階から、彼女の行動を監視する。

夏の一日。午後になって雨が降り出す。かなり激しい。銀行員の後妻、高峰秀子が夫のために、銀行に傘とそして長靴を届けにゆく。

「お迎え」というより、正確には、傘と長靴を「届け」にゆく。昭和三十年代には、こういうことも日常的に行なわれていた。

高峰秀子が激しい雨のなか、白いブラウスとスカート、そして下駄の姿で歩いてゆく。それを刑事の大木実が追う。『張込み』のなかでも、印象に残る場面で、大木実に「見つめられる」高峰秀子が、ブラウスとスカートという普通の主婦の姿なのに「見られる」ことによって素晴らしく美しく見える。

高峰秀子がさしている傘が洋傘ではなく「蛇の目」なのも懐かしい。

雨が降るたびに母親が、いちいち父親や子供たちのために駅まで「お迎え」に行くのは大変だ。ちょうど夕食の仕度で忙しい時の主婦にとっては負担になる。

そこで、こんな工夫がされる。

昭和三十年（一九五五）に公開された丸山誠治監督の『男ありて』。志村喬演じるプロ野球の監督と、その家族（妻は夏川静江、娘は岡田茉莉子）を描いた小市民映画の秀作だが、このなかにその工夫がある。

一家は、井の頭線の駒場駅（現在の駒場東大前駅）近くに住んでいる。駅前に小さな煙草屋がある。

一家はその煙草屋と懇意にしているらしく、店の人に頼んで「わが家の傘」を置いてもらっている。雨が降り出した日には、その店に預けておいた傘をさして家に帰る。これだと、夕食の仕度で忙しい母親が、駅まで迎えにゆかなくてすむ。

うまい工夫だが、現代では「駅前の煙草屋」も消えつつあるし、住民と商店との関係もかつてほど密ではなくなっているから、この工夫ももうないだろう。駅前のコンビニでビニール傘を買えばすんでしまう。

外出時に傘を持った荷風

雨は降るもの。

それならば、はじめから用心して、傘を持ち歩けばいい。

永井荷風の『濹東綺譚』(昭和十二年)の主人公、永井荷風自身を思わせる「わたくし」はいつも町に出る時、洋傘を持ってゆく。

「わたくしは多年の習慣で、傘を持たずに門を出ることは滅多にない」

「わたくし」は単身生活者、つまり、ひとり者。外出して雨が降ったからといって駅に「お迎え」をしてくれる者はいない(現在、「お迎え」の光景が消えつつあるのは、日本の全世帯の四割が、ひとり暮しという単身社会のためかもしれない)。

「わたくし」は、現代の単身化社会を先取りしている。「お迎え」してくれる家族がいないから、外出時には、用心して傘を持ち歩く。傘はステッキの代わりにもなる。

しかも、傘を持っていたからこそ、私娼の町、向島の玉の井を歩いていた時、美しい私娼「お雪」が、「檀那《だんな》、そこまで入れてってよ。」と傘のなかに入ってくる。傘が二人のなかをとりもった。

雨の日のお迎えで仲直り

消えつつある「お迎え」だが、こんな「お迎え」はいまでもいいなと思うのは、昭和三十年（一九五五）に公開された壺井栄原作、久松静児監督の小市民映画『月夜の傘』。東京の郊外住宅地に住む小市民の哀歓を描いている。中学校で数学の先生をしている夫の宇野重吉と、妻の田中絹代が主人公。二人は長年、仲良く暮している（子供もいる）のだが、ある日、ちょっとしたことで大喧嘩をしてしまう。

無論、最後は仲直りするのだが、そのきっかけは「お迎え」。雨が降り出した日、妻の田中絹代が、駅に夫の宇野重吉を迎えにゆく。傘とそして長靴を持って。二人が、傘をさして歩いてゆくところで映画は終わる。「お迎え」で仲直りした。

この夫婦が住んでいた町は、小田急沿線の梅ケ丘。撮影にあたり、駅の近くの、当時は野原だったところにオープンセットで住宅を何軒か作った。あまりに本物のように見えたので「あの家に住みたい」という要望が殺到したという。

井戸の水のおいしさ
井戸端会議を楽しむ主婦たち

井戸で冷やした西瓜

水道の普及ですっかり姿を消してしまったのが井戸。井戸の水で洗濯をしたり、夏は西瓜やトマトを冷やしたり。子供たちが泥だらけになって家に帰った時は、まず井戸で足や手を洗った。井戸は昭和の暮しのなかで憩いの場だった。

大ヒットしたアニメ映画、こうの史代原作、片渕須直監督の『この世界の片隅に』（二〇一六年）は、戦前の庶民の暮しを丁寧に描いている。

広島に住む女の子、すず（声は、のん）は夏、田舎の祖母の家に遊びに行く。途中に、干潟があり、そこを歩いているうちに泥だらけになってしまう。

だから祖母の家に着くと、まず井戸の水で身体を洗う。きれいになったところで祖母が井戸で冷やしておいてくれた西瓜をおいしくいただく。いい夏の思い出になっている。

すずは十八歳の時に、呉に嫁いでゆく。家は丘の上にある。戦争が激しくなって水道が使えなくなる。そこで丘の下にある井戸まで毎日、天秤棒で水を汲みにゆく。大変な労働ではあるが、それが命の水であれば苦にならない。

井戸から始まる一日

昭和の小市民の暮しが懐かしい成瀬巳喜男監督の『おかあさん』（一九五二年）は、大田区の蒲田あたりでクリーニング店を営む一家の物語。

この家には外に井戸がある。朝、父親（三島雅夫）は井戸のところで顔を洗い、体操をする。井戸から一日が始まる。父親が井戸の水で洗顔をすませているあいだに、母親の田中絹代と娘の香川京子が朝御飯の仕度をする。

同じ成瀬巳喜男監督の小市民映画、岸田國士原作の『驟雨《しゅうう》』（一九五六年）にも井戸が出てくる。

サラリーマンの佐野周二と奥さんの原節子は、世田谷区の梅ケ丘あたりの一軒家に住んでいる。木造平屋で小さな庭があり、隣りとは庭つづきになっている。

隣りにはやはりサラリーマンの小林桂樹が奥さんの根岸明美と住んでいる。両家のあいだには井戸があり、共有している。

朝、佐野周二と小林桂樹がここで歯を磨き、顔を洗う。歯磨き粉は何を使っているかとか、天気のことかとりとめもないことを話す。井戸を通しての御近所付き合いである。

共同井戸で井戸端会議

壺井栄原作、久松静児監督の小市民映画『月夜の傘』（一九五五年）も、『驟雨』と同じように、世田谷区の梅ケ丘あたりの住宅地を舞台にしている。

新しい住宅地にも共同井戸があって、近所の主婦が、いい天気になると三々五々、洗濯にやってくる。

今日も、中学の先生（宇野重吉）の奥さん（田中絹代）が井戸にやってくる。先に来て洗濯をしているお婆さん（飯田蝶子）に、井戸の良さを語りかける。

「いい天気だと、どこの家でもお洗濯が始まると見えて、ただでさえ出の悪い水道がちょろちょろでしょ。この水はかな気がないし、ほんとに助かるわ。この井戸のおかげで」

水道はあっても井戸がいい。これを受けてお婆さんの飯田蝶子が言う。

「お洗濯は井戸の水にかぎりますよ。冬は温かいし、夏は冷たい」

やがて近所の主婦たち（轟夕起子、新珠三千代、坪内美詠子）がやってきて、にぎやかにお喋りを楽しむ。まさに井戸端会議。

水道の普及は下町から

世田谷の梅ケ丘あたりといえば、東京の山の手といっていいだろう。そこにはまだ井戸がある。これについて、永井荷風は随筆「井戸の水」(昭和十年)で興味深いことを書いている。

東京の下町では早くから水道が引かれていたのに対し、山の手の高台では井戸の時代が長かった、と。「むかし江戸といえば水道の通じた下町をさして」いた。

意外な感があるが、水道の普及は山の手より下町のほうが早かった。だから荷風の『濹東綺譚』では、隅田川の東、下町の玉の井の家に上がった「わたくし」が娼婦のお雪にまず聞くのは「この辺は井戸か水道か」。そして水道だと知って衛生上いいと安心する。

他方、加賀乙彦の自伝的小説『永遠の都』は、山の手の西大久保あたりを舞台にしているが、新しい世代の嫁が、水道を引きたいというと、昔の世代の義母はこう言ってそれに反対する。

「(この家の)井戸はお父様が掘らせたもので、おいしい水で有名です。水道の水なんかまずくて飲めたものではない」

昭和戦前の話である。当時の山の手では、「水道より井戸」の考えがあったのだろう。

私の育った杉並区の阿佐谷の家にも、昭和三十年代まで、庭に井戸があった。実際に使っていたのは無論、もう水道だったが。

前出の『驟雨』では、台所のところに井戸があるのも懐かしい。奥さんの原節子は、この井戸の水で台所仕事をする。これも懐かしい井戸の風景だ。

成瀬巳喜男監督は井戸好き。

林芙美子原作の『晩菊』(一九五四年)では、元芸者でいまは金貸しをしている女性、杉村春子が、本郷、菊坂の路地にあるしもたやに住んでいる。

家の前に井戸がある。ここは明治時代に樋口一葉が住んでいたところで、この井戸はその頃からある。現在も健在で、文化財のように大事に保存されている。

庶民の暮しの中心に

子供にとって井戸は、親しみが持てた。ポンプを動かすと水が出てくるのが楽しかった。地下から水があがってきて、勢いよくほとばしり出る。それが子供にはうれしい。

高峰秀子の少女時代の映画、小学生の豊田正子の作文をもとに作られた山本嘉次郎監督の『綴方教室』(一九三八年)は、荒川放水路の東、現在の葛飾区の四つ木あたりを舞台にしている。

高峰秀子演じる女の子は、貧しいブリキ職人(徳川夢声)の娘。家は長屋で、裏に井戸があって、各家で共同で使っている。

食事の仕度も、洗濯も、洗面もみんなこの井戸を使う。井戸端会議の場でもある。井戸が庶民の暮しの中心になっている。

夏。小学生の高峰秀子は喉が渇くとポンプを漕ぐ。そして勢いよく出てきた水を直接口をつけて飲む。「ああ、おいしかった」

冬には、こんな場面がある。

朝早く、少女の高峰秀子は井戸で顔を洗う。水が冷たい。幸い井戸のそばには長屋の人が用意した焚火《たきび》がある。冷たい水で顔を洗ったあと、「おお、冷たい」と焚火にあたる。ささやかな庶民の知恵である。

Ⅱ 女性たち

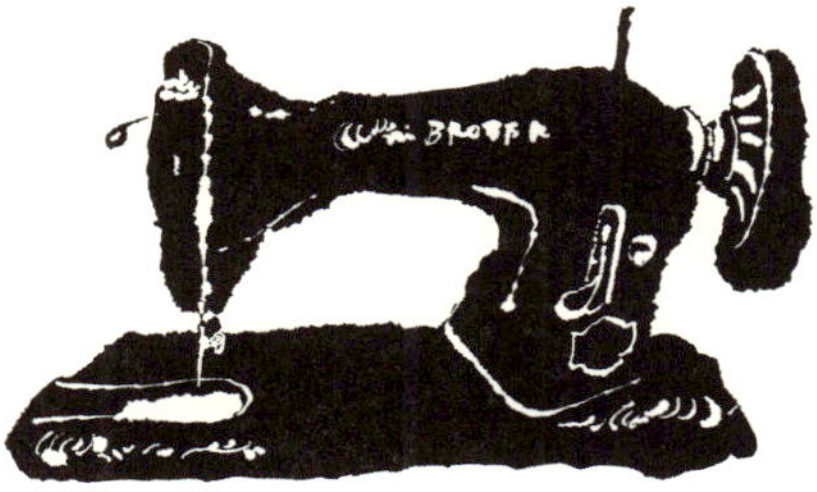

美容師

モダンな自立した女性たち

平和な時代の「パーマネント」

昭和二十八年（一九五三）に公開された小津安二郎監督『東京物語』の長女、杉村春子は美容師。

下町の商店街に「うらら美容院」という小さな店を構え、若い女性を助手にしていつも忙しそうに働いている。

客にこんなことを言っている。

「奥様、一度アップにしてごらんなさいましよ。そのほうがお似合いになりましてよ。ネックラインがとてもおきれいですもの。レフトサイドをぐっとつめて、ライトサイドにふんわりウェーブでアクセントをつけ」

片仮名が多い。美容院は女性たちにとってハイカラな場所だったからだろう。

戦時中、太平洋戦争が激しくなった頃、美容院は外国から入ってきたぜいたくなものとして敵視された。「パーマネントはやめましょう」という標語が作られた。昭和二十八年、『東京物語』が公開されたときにはそんな受難の時代は過去のものになっている。平和な時代が訪れ女性たちがまた美容院に通うようになっている。

戦時中、横文字は敵性語として禁止された。「パーマネント」は「電髪」と言い換えられた。杉村春子はその時代の反動のようにおおらかに「アップ」「ネックライン」「レフトサイド」……と片仮名を使う。

丸ノ内美容院とマーセル・ウェーブ

日本の女性の洋髪は大正末から始まった。日本映画黄金時代の有名な結髪師、伊奈もとの回想記『髪と女優』（日本週報社、昭和三十六年）によると、大正十年（一九二一）に皇太子（のちの昭和天皇）が海外巡幸した際に随行した宮中御用掛の理髪師が洋髪技術を習得、帰国後、それを公開したのがきっかけで次第に洋髪が広まったという。

日本で最初の美容院は、アメリカで美容を学んできた山野千枝子が大正十一年に、当時、東京駅前に完成した丸ノ内ビルヂング（丸ビル）のなかに開いた「丸ノ内美容院」。西清子の『職業婦人の五十年』（日本評論新社、昭和四十年）にこうある。

「（丸ビルに）開店した山野千枝子の〈丸ノ内美容院〉からは、赤の口紅、マーセル・ウェーブのモダン・ガールが、たくさん、つくりだされた。アメリカから帰ったばかりの彼女は、日本におけるアメリカ流美容術の開拓者となったのである」

文中の「マーセル・ウェーブ」とは十九世紀末にマーセルというフランス人が考案した、鋏《はさみ》のようなアイロン（焼き鏝《ごて》）を使って髪全体にウェーブをつけてゆく髪型。

その後、パーマネント・ウェーブ機が導入され「パーマネント」が普及していった。

美容師となり、身を立てる女性たち

昭和モダニズムの作家、吉行エイスケの夫人で、吉行淳之介、和子、理恵の母親、吉行あぐりは岡山県の生まれ。十代の頃に女性も職業を持たなければいけないと、大正十四年（一九二五）に上京し、山野千枝子に弟子入り、「丸ノ内美容院」で修業した。

昭和四年（一九二九）には東京・市ヶ谷に「山の手美容院」（のち「吉行あぐり美容室」）を開いた。草創期の美容師の一人。

昭和七年にはアメリカで美容術を習得してきたメイ牛山（牛山マサコ）が銀座七丁目にハリウッド美容室を開店。アメリカ製の新しいパーマネント・ウェーブ機を導入して話題になった。

昭和の戦前の美容師を描いた映画がある。

昭和十三年の作品。吉屋信子原作、清水宏監督の『家庭日記』。三宅邦子演じるヒロインは、大学生の佐分利信と恋仲になるが、家の事情のため結婚は出来ない。

傷心の彼女は満洲（いまの中国東北部）に渡り、美容師となって身を立てる。その後、日本に戻って、妹（三浦光子）と共に美容院を開く。場所は当時、急速に発展している盛り場、新宿。「リラ美容院」という名のしゃれた店。助手を三人も使っている。

こんなセリフがある。

「むかしは髪結いの亭主、いまは美容院のハズよ」。美容師が時代の先端を行くモダンな自立した女性であることが分かる。

実際、市ヶ谷に美容院を開いた吉行あぐりは、夫の吉行エイスケが昭和十五年（一九四〇）に亡くなったあと三人の子供を育てている。

平成九年（一九九七）、吉行あぐりを主人公にＮＨＫの朝の連続テレビ小説「あぐり」が放映されたのは記憶に新しい（田中美里主演）。

キャリア・ウーマンの先駆け

谷崎潤一郎の名作『細雪』は昭和十年代の芦屋に住む蒔岡《まきおか》家の四姉妹の物語だが、この小説に井谷《いたに》という美容師が登場する。

神戸の一流ホテル、オリエンタル・ホテルの近くに店を持つ。蒔岡家の姉妹たちの行きつけの店。「神戸では相当鳴らした美容院」とある。

一流の美容院だから客には芦屋あたりに住む上流階級の女性たちが多い。井谷の美容院は彼女たちの格好のサロンになっている。現代の浮世床《うきよどこ》である。

顔の広い井谷は蒔岡家の三女、雪子の見合いのために奔走する。そしてついに華族のいい青年を見つけ出す。家庭夫人と違って社会に出て働いている美容師は、女性社会のなかで重要な役割を果たしていたことが分かる。

市川崑監督の『細雪』(一九八三年)では、横山道代がこの美容師を演じている。吉永小百合演じる雪子の見合いをお膳立てする。

原作では、井谷は苦労人で、中風で寝たきりの夫を抱えている。美容院を経営しながら二人いる弟のひとりを医学博士にまでさせ、娘を「目白」(現在の日本女子大学)に通わせている。現代ふうにいえば、さっそうたるキャリア・ウーマンだろう。

『東京物語』の杉村春子も夫(中村伸郎)はいるが、夫のほうはいかにも「髪結いの亭主」で影が薄い。食事の時など妻に「あんた、それ取って」と完全に尻に敷かれているのが笑わせる。

戦争未亡人の自立を支える仕事

戦争中、禁止されていた美容院は戦後になって復活する。

成瀬巳喜男監督『女の歴史』(一九六三年)の高峰秀子演じる主人公は、自由が丘の商店街に小さな美容院を持っている。

彼女は戦争で夫(宝田明)を失っていて、戦後、一念発起して資格を取り、美容師となった。

同じ成瀬巳喜男監督の『おかあさん』(一九五二年)では、中北千枝子演じる戦争で夫を失った女性がやはり美容師になろうとしている。

吉行あぐりは、終戦後、師の山野千枝子から「戦争未亡人の自立を助けるための施設を世田谷に作るのでそこを受け持ってください」といわれ、その仕事を始めたという。当時、美容師を目ざす未亡人は多かったのだろう。

バスの車掌さん

高度経済成長期に咲いた花

ひばりも倍賞千恵子も演じたバスの車掌さん

ワンマンバスの登場によって姿を消したが、以前はバスには必ず女性の車掌が乗っていて乗客をなごませてくれたものだった。

正木《まさき》輌彦《ともひこ》『バス車掌の時代』（現代書館、平成四年）によれば、バスの女子車掌がいちばん多かった時代は昭和三十年（一九五五）から四十年（一九六五）にかけての約十年間、高度経済成長の時代で、その就労者数は約八万人だったという。

そのためだろう、昭和三十年代の映画には実によくバスの車掌が登場する。人気女優たちが競うように紺の制服に小粋な帽子をかぶった働く女性を演じている。

昭和三十年公開の『歌え！　青春　はりきり娘』（杉江敏男監督）では、当時十八歳の美空ひばりが、東京駅八重洲—経堂間の小田急バスの車掌を演じている。まだ見習いで失敗ばかりしているが、暇を見ては「次は三軒茶屋」「次は太子堂」とバス停を覚えるのは感心。寝言で「発車オーライ」といったりするのが可愛い。

バスには毎日、たくさんの若者たちが乗ってくるから恋の花も咲く。美空ひばりは毎日乗ってくる大学生の久保明のことが気になって仕方がないが、名前が分からない。バスの車掌のほうは名札が運転席のところに掛かっているのですぐに相手に分かるのだが。

それで、最後、大学を卒業してサラリーマンになった久保明が「ぼくは、こういうものです」と名刺を渡す。それで美空ひばりもにっこり。やっと二人の恋が始まる。昔の若者たちは純情だった。

昭和三十四年公開の青春映画『こだまは呼んでいる』（本多猪四郎監督）では、雪村いづみが甲州のローカルバスの車掌。

この路線バスは町と山の村を結んでいる。そのために車掌の雪村いづみはよく村人から町での買物を頼まれる。バスが町に着くと村人にかわって生活必需品を買物し、それを帰りに届ける。いまふうにいえば宅配便の役割を果たしている。

村の若い妊婦が急に産気づいた時には、バスが救急車になる。運転手の池部良と車掌の雪村いづみが、嵐の夜に息の合ったところを見せ、妊婦を無事に町の病院に運ぶ。そのあと二人はめでたく結ばれる。

田宮虎彦原作、五所平之助監督の昭和三十六年の作品『雲がちぎれる時』では倍賞千恵子が、高知県の中村―土佐清水を走る路線バスの車掌。運転手の佐田啓二を慕っていて、仕事が終わって営業所に帰ってきた佐田啓二が水道の水でジャブジャブ顔を洗っているのを見るとそっとハンカチを差し出す。可愛い。

昭和三十九年公開の青春映画『仲間たち』（柳瀬観監督）では、松原智恵子が川崎の臨海工業地帯を走るバスの車掌。

トラックの運転手をしている浜田光夫が彼女のことを好きになり、休日にネクタイ姿でめかしこみ、彼女のバスに乗り込む。そして一日中、そのバスに乗っていったりきたり。彼女の顔を見ているだけでも幸せになる。

昭和三十年代の映画には本当にバスの車掌がよく登場する。それだけ女性の仕事として注目されていたのだろう。

関東大震災のあと運行が増えた東京のバス

昭和三十二年にはコロムビア・ローズが〽発車オーライ……と歌う「東京のバスガール」が大ヒットした。もっともこの歌は『バス車掌の時代』によると実際の車掌たちには、厳しい労働の現実を知らなすぎると評判が悪かったらしい。

厳しい現実といえば、バスの車掌にとっていちばん不快だったのは身体検査だったという。車掌が現金を扱うために行なわれたものだが、人権に関わる。『歌え！　青春はりきり娘』には、営業所で中年の係官が若い女性たちを並べてポケットを検査してゆく場面があり、その厳しさに驚かされる。

東京で本格的なバスの運行が始まったのは大正八年（一九一九）という。前年に発足した東京市街自動車という民間の会社がアメリカからバスを購入し、大正八年に新橋―上野間でバス運行を始めた。この時に、女性の車掌を採用した。当時としては、花形の職業だった。

昭和五年（一九三〇）に出版されベストセラーになった林芙美子の自伝的小説『放浪記』には、尾道から東京に出て来て、いまのフリーターのようにさまざまな仕事を転々としている「私」に宿屋のおかみさんがこういう。

「あんた、青バスの車掌さんにならないかね、いいのになると七十円位這入るそうだが……」

「青バス」というのは東京市街自動車が走らせていたバスのこと。車体を青（正確には緑）に塗ったので一般に「青バス」と呼ばれ、親しまれていた。この話は大正十二年（一九二三）頃のこと。七十円といえば公務員の初任給と変わらないから女性の職業としてはいいほうだったろう。「私」は青バスの車掌になりたいと思うのだが、狭き門だったらしく残念ながらなれない。

バスの運行が増えるのは、大正十二年の関東大震災のあと。いうまでもなくそれまでの公共交通機関だった路面電車の線路が震災によって大打撃を受けたために、それにかわるものとしての路線バスが求められた。民間の「青バス」だけではなく東京市の市バスも走るようになった。

バスの車掌が輝いていた昭和

昭和に入ると地方でもバスは増えてゆく。

昭和十六年（一九四一）に作られた高峰秀子の少女時代の映画、成瀬巳喜男監督『秀子の車掌さん』（原作は井伏鱒二の『おこまさん』）では高峰秀子が甲州の田舎町を走る小さなバスの車掌。

バスが自宅前に来ると、降りて家に戻って靴を履きかえてきたりする。のんびりしている。客が少ないからこれでもいいのだろう。

もっともあまりに客が少なく、なんとかしなくてはと、高峰秀子は運転手の藤原釜足（戦時中は、鎌足をもじった芸名が怖れ多いと藤原鶏太に改名）と相談して観光ガイドをすることにする。といっても路線バスだから観光名所など通らないのだが。田舎のバスは経営が大変だ。

これは戦後の歌だが、昭和三十年（一九五五）には中村メイコが〽田舎のバスはおんぼろ車……と歌った「田舎のバス」がヒットした。それだけバスという乗り物が親しまれていたことになる。バスがオンボロなのにお客が文句をいわないのは「私」が美人だからと中村メイコは歌うが、確かにバスの車掌はこの時代の花だった。

小津安二郎の昭和三十七年の作品『秋刀魚の味』には、『仲間たち』の浜田光夫と同じようにバスの車掌が好きになる若者が出てくる。

婚期の遅れた娘の岩下志麻の結婚に心を痛めている父親の笠智衆が、息子の三上真一郎に「姉さんには好きな人がいるのかな」と聞くと、息子は明るく答える。

「いるだろ。俺だっているもん、しみずとみこっていうんだ」。よほど仲がいいのかと驚く父親に息子はあっさり白状する。「バスの車掌さんなんだ。名札で名前覚えたんだ。ちいせえんだ。太ってんだ。かわいいんだ」。バスの車掌が輝いていた時代があったことがよく分かる。

見合い

良家のお嬢さんの結婚へのプロセス

『細雪』に見る戦前昭和の見合い

谷崎潤一郎の名作『細雪』は昭和十年代の大阪と芦屋に住む蒔岡家の美しい四姉妹の物語だが、ひとつの核になっているのは三女、雪子の繰り返される見合いで、見合いの物語といってもいい。

パリ帰りの、ある化学会社の社員との見合いをはじめ、兵庫県の農林課に勤務する水産技師と、さらに船場の製薬会社の重役（女学生の娘のいる男やもめ）と見合いを繰り返す。そして最後は華族の青年との見合いでようやく結婚に至る。

四度も見合いをしている。戦前昭和では良家の娘はこのくらい見合いを繰り返すのは普通のことだったのだろう。

『細雪』では小説に描かれているだけで四度だが実際には雪子はもっと見合いをしていると思われる。だからなのだろう、市川崑監督の映画『細雪』（一九八三年）では、雪子の結婚が決まったあと長女の鶴子（岸惠子）と次女の幸子（佐久間良子）が「あの人、ねばらはったな」と言うのが微苦笑を誘った。

雪子の四回の見合いのうち三回までは井谷夫人という美容師が御膳立てをしている。「神戸では相当鳴らした美容院」の経営者で阪神間の裕福な夫人たちとの交流が多いから、縁談の世話をよくする。一種の顧客サービスであり、彼女自身、人の世話をするのが好きなのだろう。

原節子が演じた良家の娘の見合い

女性の権利が言われた戦後の民主主義の社会になっても見合いは以前どおりに行なわれる。とくに良家の娘たちは自由に恋愛することが難しかったから見合いが普通だった。

小津安二郎監督の『晩春』（一九四九年）は、鎌倉に住む男やもめの大学教授（笠智衆）と、その世話を焼いているために婚期が遅れている娘（原節子）の物語。

娘の行く末を心配する父親は、自らが再婚の意志があると見せかけ、娘の「私が結婚したら、お父さんの世話は誰が見るの」という心配を消し、娘を結婚させてゆく。

この娘の結婚は見合いで行なわれている。ただし、映画のなかに見合いの場面はない。

父と娘の強い絆を浮き上がらせるためだろう。

原節子は品のいい良家のお嬢さんの役が多かったが、それだけに見合いが似合う。木下惠介監督の『お嬢さん乾杯！』（一九四九年）では、戦後没落した良家のお嬢さん。それが、町の自動車工場を経営して羽振りのいい青年（佐野周二）と見合いすることになる。

斜陽族と成り上がりの対比で物語は進む。お嬢さんの原節子には戦争で死んだ恋人がいた。だから素直に見合い話に乗れない。しかも、貧しくなった自分の家が、自動車工場で景気のいい男の経済力に頼ろうとしているのも心苦しい。

それでも見合いのあと交際してみようということになる。一般に見合いのあとはしばらく交際してみるのが普通だった。

良家のお嬢さんが成り上がりの青年を連れて行くのはクラシック・バレエ。それに対し金回りのいい青年が連れて行くのはボクシング。教養の違いが出てしまう。

それでもこの青年はいたって気のいい好青年でお嬢さんも次第に心惹かれてゆき、最後はめでたく結ばれる。品のいいお嬢さんが、庶民の娘のように「惚れています」ということで。『晩春』と違って、見合いから交際、そして結婚、とプロセスが描かれているのが面白い。

古風な若い女性がいた昭和三十年代

昭和三十七年（一九六二）に公開された小津安二郎の最後の作品『秋刀魚の味』は『晩春』と同様、男やもめの父親（笠智衆）の世話をしているために結婚の縁が遠くなっている娘（岩下志麻）の物語。

娘には好きな男性がいたが、その男性は結婚してしまう。その結果、彼女は見合い話を受け、結婚することになる。昭和三十年代のなかばまでまだこんな古風な若い女性がいたとは驚く。

昭和三十六年（一九六一）に公開された松本清張作、野村芳太郎監督の『ゼロの焦点』では久我美子演じる若い女性が、見合いによって広告会社の有能な社員（南原宏治）と結婚する。

しかし、新婚まもなく夫は失踪してしまう。夫はなぜ、どこに行ったのか。調べてゆくうちに見合い結婚なので夫について型どおりの経歴（いわゆる仲人口）しか知らなかったことに気がつく。見合い結婚が生んだミステリといえる。

この映画からも昭和三十年代のなかばまでは見合い結婚がまだ普通に行なわれていたことが分かる。

『ゼロの焦点』でヒロインを演じた久我美子の代表作のひとつは、原田康子のベストセラー小説の映画化、五所平之助監督の『挽歌』（一九五七年）。

久我美子演じる釧路に住む若い女性は、男やもめの父親（斎藤達雄）と暮している。父親は婚期にある娘のことを心配して今日も寺の僧侶との見合いの話を持ってくる。しかしドライな娘は「お坊さんなんて嫌よ」と相手にもしない。

そして彼女は妻子ある中年男性（森雅之）との道ならぬ恋に走ってゆく。このヒロインが当時、評判になったのは、まだまだ見合い結婚をする女性が多かった時代に、見合いの話を断わり、自分の感情のままに世間では許されない恋を選んでゆく新しい女性だったからだろう。

仲人を務める世話好きのおじさん・おばさん

見合いが普通だった時代には、『細雪』の井谷夫人のように、見合いの世話をする仲人好きもいた。

清水宏監督の母ものの傑作『母のおもかげ』（一九五九年）には、東京の下町、佃島《つくだ》あたりに住む世話好きのおじさん（見明《みあけ》凡太郎）が出てくる。

これまでもう二十九組もまとめたと自慢している。今度三十組目に挑戦しようとしている。そして、妻に死なれた、小学生の男の子がいる水上バスの運転手（根上淳）と、夫に死なれた、女の子のいる女性（淡島千景）を見合いさせる。

連れ合いを亡くしたどうしを結ばせようとするところが人情家の下町のおじさんらしい。子供がいるので最初は難しかったが、最後は新しい四人家族が生まれる。

美空ひばり、江利チエミ、雪村いづみ主演の青春映画『ひばり・チエミ・いづみ　三人よれば』（杉江敏男監督、一九六四年）では三人娘の女学生時代の恩師（清川虹子）が世話好きおばさん。

学校を卒業した三人を家に呼んで見合いを強くすすめる。さすがに現代娘たちは見合いは嫌と思っている。そこで三人は一計を案じて知り合いの男性をそれぞれ恋人役にする。無論、それが本当の恋人になってゆくのはいうまでもない。一九六四年といえば東京オリンピックの年。この頃に徐々に見合いは姿を消していったようだ。

ミシンで自立する女性たち

町に洋服店があった頃

昭和も三十年代頃まで、町には洋服店（テイラー）があってガラス越しに主人がミシンを踏む姿が見えたものだった。

しかし、その後、既製服の時代になってしまい、町の洋服店が消えていった。同時にミシンもあまり見かけなくなった。いま家庭でミシンはどれだけ使われているだろう。

洋服はオーダーメイド

妹尾河童原作、降旗康男監督の『少年H』（二〇一三年）は、戦前昭和期の家族の物語。父親（水谷豊）は神戸の町で洋服店を営んでいる。看板には「高級紳士服仕立 妹尾洋服店」とある。瓦屋根の二階家、和風の家で洋服を作る。いわば和洋折衷。

昭和の町にはこういう洋服店（仕立屋ともいった）が必ず一軒はあった。オーダーメイドの洋服が当たり前だった時代である。ハイカラな神戸の町にはとくに多かっただろう。

父親はミシンを踏んで洋服を仕立てる。

ミシンが一家を支えている。だから昭和二十年（一九四五）、神戸の町が空襲に遭い、家が焼けた時、父親のミシンを守ろうと、少年と母親（伊藤蘭）は燃えさかる家のなかから必死になってミシンを運び出す。

戦後、父親はそのミシンを丁寧に修理し、バラックで再び仕事を始める。この昭和の一家の暮しはミシンと共にある。

アンドルー・ゴードン『ミシンと日本の近代　消費者の創造』（大島かおり訳、みすず書房、平成二十五年）によれば、アメリカの世界的ミシン・メーカー、シンガーミシン社が日本に進出したのは、明治三十三年（一九〇〇）。それから約二十年後の大正なかごろには、年に五万台も売り上げていたという。一台の値段はサラリーマンの二ヶ月ぶんの給料に相当したから、まだまだ一般家庭には贅沢品だった。

はじめに購入したのは『少年H』の父親のように洋服店だったろう。

徳田秋声原作、成瀬巳喜男監督の『あらくれ』（一九五七年）は、高峰秀子演じるお島という気性の激しい女性の物語。

お島は男で苦労し続けるが、洋服職人（加東大介）と知り合ってからは落ち着き、二人で小さな洋服店を開く。まずミシンを買い、自分でもミシンを踏んで洋服を作る。時代は大正時代。ちょうど日本に進出したシンガーミシン社が売り上げを伸ばしていたころと重なっている。

当時、個人の家でミシンを買えたのは、裕福で進取の気風のあった中産階級だろう。『ノンちゃん雲に乗る』で知られる児童文学者の石井桃子（明治四十年生まれ）の家は、父親が浦和の銀行員で新しもの好きだったので、シンガーミシンが売りに出されると早速これを買った。

尾崎真理子『ひみつの王国　評伝石井桃子』（新潮社、平成二十六年）によれば、石井家は娘が五人もいたのでその洋服を作るという実際的な意味もあったという。

当時はミシンを買うと半年ほど、洋裁の指導の女性が家に来て、ミシンを使っての洋裁を教えてくれた。シンガーミシンが売り上げを伸ばしたのは、このサービスがあったからかもしれない。

戦後のドレメブーム

戦後、ミシンは飛躍的に普及する。

女性の服装が洋服中心になったこと、女性たちが手に職をつけて自立したいと思ったことが原因だった。

戦災で服を焼かれ、ともかく自分で服を作るしかないという必要に迫られてのこともあった。戦後、昭和二十年代から三十年代にかけての映画を見ると、女性たちが実によくミシンを踏む姿がとらえられている。

世田谷に住むサラリーマン（笠智衆）の一家の物語、中村登監督『我が家は楽し』（一九五一年）では、母親（山田五十鈴）がミシンを踏んで内職をしている。子供が四人（高峰秀子、岸惠子ら）もいて生活が大変だからだろう。この時代まで、服は買うものというより家で作るものという考えが強かったのではあるまいか。

だから、戦後、女性たちのあいだに洋裁ブームが起こった。

昭和二十一年（一九四六）に再開した目黒にあるドレスメーカー女学院には、千人を超える入学希望者が殺到して、大混乱になった。

同じ年に再開した文化服装学院にも二千人もの入学者があった。いわゆるドレメブームである。

手に職をつけたい、自分の服は自分で作りたいという若い女性だけではなく、戦争で結婚の機会を失った女性や戦争未亡人も、自活の道として洋裁を志した。

木下惠介監督の『日本の悲劇』（一九五三年）では、貧しい家の娘（桂木洋子）が、早く自立しようと、洋裁学校に通い、ミシンを踏む。

当時、ミシンは貴重なものだった。だから、昭和二十五年（一九五〇）のお年玉付き年賀葉書の特等賞商品はミシンだった。ミシンは憧れの商品だった。

自立する女性を支えたミシンの普及

ミシンは自動車産業や家電産業が成長するまで長いあいだ日本の輸出品のなかでも重要な品目だった。昭和二十七年（一九五二）の統計を見ると、ミシンの生産台数は一三二万台。そのうち半分以上の八九万台は輸出になっている。

『あらくれ』でミシンを踏んだ高峰秀子は、幸田文原作、成瀬巳喜男監督の『流れる』（一九五六年）でもミシンを踏む。

江戸時代から続く東京の花柳界、柳橋の芸者置屋の娘だが、町は次第にさびれていっている。若い彼女は、母親（山田五十鈴）の仕事を継ぐ気はない。

そこで、ミシンを買ってきて洋裁の勉強をする。彼女もまた洋裁で自立しようとする当時のけなげな女性の一人である。

ミシンは戦後の女性を強くした。洋裁で自立出来れば、いつまでも男性に頼らずにすむ。

戦後、ミシンと共に強くなった女性をユーモラスに描いたのが、獅子文六原作、渋谷実監督の『自由学校』（一九五一年）。

奥さん（高峰三枝子）は、ミシンを踏んで子供服を作る。収入が増えるから強気になり、サラリーマンの夫（佐分利信）を尻に敷く。とうとう、耐えられなくなった夫は家を出てしまう。ミシンが生んだ悲喜劇。

既製服が当たり前になってしまった現代では映画のなかでミシンを踏む女性を見なくなった。寂しく思っていたら、最近、とてもいい映画が作られた。

池辺葵の漫画を原作にした『繕い裁つ人』（三島有紀子監督、二〇一五年）。中谷美紀演じる主人公は、神戸に住み、一人で小さな洋裁店を切りまわしている。昔からの客のために、祖母から受け継いだ古いミシンを踏んで洋服を仕立てる。いまでも探せば町のどこかにこんな女性がいるのだろう。

ダンスホール

社交ダンスブームに乗って

ダンスホールは昭和の娯楽場

昭和のはじめ社交ダンスが流行したことがあった。

ダンスは明治時代に紹介され、鹿鳴館で舞踏会が開かれたが、それはあくまでも上流階級のもの。

一般の小市民がダンスホールなどでダンスを楽しむようになったのは大正末から昭和にかけて。ダンスホールには専属のダンサーがいて客の相手をした。

昭和四年（一九二九）に大ヒットした流行歌「東京行進曲」（西條八十作詞、中山晋平作曲）の一番は「ジャズで踊って　リキュルで更けて　明けりゃダンサーの　涙雨」とダンサーを歌っている。

この頃、ダンスが東京の小市民のあいだで楽しまれるようになっていたことが分かる。昭和六年のサイレント映画、島津保次郎監督の『愛よ人類と共にあれ』では、田中絹代が銀座あたりのダンスホールのダンサーを演じている。人気者で「ダンスホールの女王」と呼ばれている。

この映画を見ると当時のダンスホールの様子がよく分かる。客はまずチケット（ダンス券）を買い、ダンサーと一度踊るごとにチケットを渡してゆく。

人気のあるダンサーは席に座る暇もないが、客の指名のないダンサーは席で待つしかない。いわゆる「壁の花」。この言葉は昭和はじめ頃から広く使われるようになった。

ロシア人にダンスの手ほどきを受けた谷崎潤一郎

最初のダンスホールは大正九年（一九二〇）に横浜市の鶴見区に出来た遊園地、花月園に創られた「舞踏場」。

齋藤美枝の『鶴見花月園秘話　東洋一の遊園地を創った平岡廣高』（鶴見区文化協会、平成十九年）によると、この「舞踏場」が人気になり、社交ダンスが広まっていったという。きちんと専属のオーケストラが付いた。

「花月園のダンスホールが開業したことによって、それまで外国人やごく一部の日本人の趣味に過ぎなかった社交ダンスが一般に普及していく足がかりとなった」

大正時代、この「舞踏場」でダンスを習った作家がいる。当時、横浜に住んでいた谷崎潤一郎。随筆「私のやつてゐるダンス」(大正十一年)によれば、花月園のなかにあるホテルに泊まって原稿を書いていた時、隣りのホールのダンスに興味を覚え、女将《おかみ》に手ほどきを受けたという。

それでダンスが好きになり、横浜でロシア人の先生に社交ダンスを本格的に学んだ。このロシア人というのはおそらく革命を逃れて来た亡命ロシア人だろう。

谷崎潤一郎の『痴人の愛』では「私」は、美少女のナオミがダンスを習いたいというので、亡命ロシア人の先生が開いた教室に通わせる。それで上達したナオミはダンスホール通いを始めるようになる。当時としては流行の最先端をゆくモダン・ガールである。『痴人の愛』には「花月園」の名も出てくる。

ダンサーは華やかな職業

昭和に入るといよいよ社交ダンスは盛んになり、東京のあちこちにダンスホールが出来るようになった。

そのなかでも特に知られたのは赤坂の溜池に出来たフロリダだろう。美しいダンサーが多いので人気があった。

戦前の松竹のスター、清水宏監督の『有りがたうさん』(一九三六年)や小津安二郎監督の『淑女は何を忘れたか』（一九三七年）に出演した桑野通子《みちこ》（昭和三十年代の人気女優、桑野みゆきの母親）は、フロリダのダンサーだったところをスカウトされた。ダンサーだっただけに戦前の女優としては抜群にスタイルがよかった。

またフロリダの人気ダンサーだったチェリー、こと田辺静枝は、トーキー第一作『マダムと女房』（五所平之助監督、一九三一年）の脚本で知られる脚本家で作家の北村小松と結婚している。ダンサーが華やかな職業だったことがうかがえる。

昭和史の年表を見ると、昭和三年（一九二八）にこんなことが書かれている。

「警視庁が、ダンスホールに十八歳未満の男女の入場を禁止する」（『江戸東京年表』小学館、一九九三年）。未成年に禁止令が出る。それだけダンスホールの人気が高まったのだろう。

昭和十二年（一九三七）に公開された映画、入江たか子主演、成瀬巳喜男監督の『女人《にょにん》哀愁』には面白い場面がある。

女学校に通うお嬢さんの家に女友達が何人か遊びに来る。トランプをし、お喋りをし、そして女の子どうしでダンスをする。女学生ではダンスホールに行くわけにはゆかず、しかも、この時代のお嬢さんは男友達がいるわけもなく、女の子どうしで踊りの真似事をしたのだろう。可愛らしい。

文学者たちを夢中にさせた社交ダンス

文学者もダンスをする。

意外なことに詩人の萩原朔太郎がダンスに夢中になった。娘の作家、萩原葉子が回想している（『遅咲きのアダジオ　ダンスで変えた私の人生』主婦と生活社、昭和五十九年）。

「昭和初年、日本へ入りたての社交ダンスを、父はいち早く取り入れ、妻である母に習わせ、家でダンスの練習をしました。手回しのハンドルを回しながら、SPのレコードをかけ、畳の上でずるずるとワルツのステップを踊るのでした。和服に髪を結った母が、手摺《てすり》につかまりチャールストンを踊るのは、当時近所の話題でした」

なかなかモダンな夫婦だ。この両親を持ったからだろう、萩原葉子は後年、四十歳を過ぎてからダンスに熱中し、小田急線沿線の自宅にダンススタジオを造り、世を驚かせた。

萩原朔太郎の他に、『あらくれ』や『縮図』で知られる地味な純文学作家、徳田秋声がダンスに凝ったのも意外。

ブラジル移民を描いた『蒼氓《そうぼう》』で昭和十年（一九三五）、第一回の芥川賞を受賞した石川達三は若き日、ダンサーをしていた。

ダンスが似合った作家は『放浪時代』『アパアトの女たちと僕と』の昭和モダニズムの作家、龍膽寺《りゅうたんじゆう》雄だろう。

人気作家だったので経済的に恵まれ、高円寺の大きな家に住んだ。家を探す時、幾組かがダンスを踊れる部屋があることが条件だった。幸い広い応接間がある家が見つかり、そこをダンスホールに見立てて友人たちと踊った。

ダンスは男女が抱き合うように踊るからどうしても風俗に良くないとされる。昭和のダンス熱は戦時色が強まるにつれ時代から消えてゆき、昭和十五年にはダンスホールは閉鎖を余儀なくされた。

戦後、またダンスはよみがえったが、その後、ビートルズ革命のあとになると社交ダンスは、若い世代には敬遠されていった。

マネキン・ガールの登場

昭和初期の華やかな職業

ファッション・モデルの草分け伊東絹子

戦後の明るい話題のひとつに、昭和二十八年（一九五三）、ファッション・モデルの伊東絹子がミス・ユニバースで三位になったことがある。

日本の女性が世界の美女に伍《ご》して堂々三位になった。戦争に敗れ、アメリカをはじめ西欧社会に、なにかにつけ劣等感を抱いていた日本人にとって、伊東絹子は、スポーツの世界における、水泳で世界記録を出した古橋広之進に匹敵する輝ける存在だった。

それまでの日本の女性に比べ、伊東絹子は何よりもスタイルがよかった。顔が小さく、脚が長い。そこから「八頭身」という言葉が生まれたほど。

伊東絹子は、戦後、日本の服飾界が専属モデルを公募したときに応募してきた、ファッション・モデルの草分け。

ファッション・ショーは、昭和二十六年(一九五一)に日本デザイナー・クラブが銀座で開いたものが最初とされる。

このときは、ダンサーやキャバレーなどで働く女性がモデルを務めたが、不評だったために、公募をして、服飾界専属のモデルが生まれていった。

昭和のはじめの東京はガールの全盛時代

しかし、この職業が登場したのは、実はもっと早い。昭和のはじめ。当時は、ファッション・モデルの言葉はなく、フランス語のマヌカンから派生したマネキンと呼ばれていた。いつから登場したのか。

手元の『昭和史年表』(小学館、昭和六十一年)には、昭和三年(一九二八)に「マネキンガール初登場」とある。博覧会で、現在のモデルのような仕事をした。

昭和のはじめ、実際にマネキンとして仕事をした丸山三四子の回想記『マネキン・ガール　詩人の妻の昭和史』(時事通信社、昭和五十九年)には、この昭和三年のマネキン初登場のことが次のように書かれている。

三月、昭和天皇即位の御大典記念として、上野公園で国産振興東京博覧会が開かれた。このとき百貨店協会が特設館を設け、そこに高島屋が和服を出品したが、マネキン人形に和服を着せてソファーに腰かけさせただけではなく、本物の女性を一人そこに加えた。

これが、マネキン、のちのファッション・モデルのはじまりだという。本物の女性が、服の宣伝をする。評判を呼んで、翌年の昭和四年（一九二九）三月、日本の美容師の草分け、山野千枝子（山野愛子の母）が、アメリカで得た知識をもとに、日本マネキン倶楽部という組織を立ち上げた。マネキンが、はじめて女性の職業となった。

関東大震災後の東京は、それまでの江戸の面影を残す町から、一気にビルが建ち、自動車や地下鉄が走るモダン都市に変わった。女性の社会進出も盛んになり、さまざまな「ガール」が登場するようになった。丸山三四子は書いている。

「東京は、ガールの全盛時代でした。ガソリン・ガール、円タク・ガール、ショップ・ガール、デパート・ガール、エンゲルス・ガール、ワンサ・ガール、ステッキ・ガール……」

ちなみに「ガソリン・ガール」はガソリン・スタンドで働く女性、「エンゲルス・ガール」は社会主義運動に参加する女性、「ワンサ・ガール」はレヴューのその他大勢のダンサー、「ステッキ・ガール」は銀ブラ（銀座の散歩）を楽しむ男性のお伴をする女性。

こうしたさまざまな「ガール」のひとつとして「マネキン・ガール」が登場した。

高収入で家計を支えた最先端の職業

丸山三四子は、昭和の詩人、丸山薫の妻。詩人の暮しは楽ではないので、当時、二十代はじめの妻の三四子が働くことになった。知人の紹介で、銀座にあった東京マネキン倶楽部という事務所に入り、マネキン・ガールになった。昭和のはじめ、事務所には五、六人のマネキンがいた。

主な仕事は、デパートでの商品の宣伝と販売。銀座の町をモダン・ガール（モガ）、モダン・ボーイ（モボ）が闊歩《かっぽ》していた時代である。マネキンは、「ガール」のなかでも最先端を行く新しい職業だった。

驚くのは、その収入。丸山三四子は書いている。

「その頃のマネキン・ガールといえば、いわばファッション・モデルも兼ねた華やかなものでした。収入の面でも、大学卒の一流サラリーマンよりはるかに多かったのです」

「デパートの売場に立ちますと、大勢のお客様がつめかけてまいります。マネキン・ガールのトップは、いまのテレビタレント並みの忙しさで、一年先のスケジュールまでうまっていたくらいなのです」

昭和のはじめの東京で、こんな華やかな女性がすでに生まれていたとは。貧乏詩人の妻として丸山三四子は家計を支えていた。

面白いのは、マネキンになるのは、貧乏文士の妻や、夫が左翼運動に関わっていて生活が苦しい新劇の女優などが多かったこと。

左翼運動に加わり逮捕された経験がある作家、高見順の奥さんはマネキン・ガールになった。高見順の小説『故旧忘れ得べき』（昭和十一年）には、保険の外交員をしているかつてのエリート学生の妻が、マネキン・ガールをしている。夫は「俺なんかより収入が多いんだよ」と自嘲する。

昭和の私小説作家に尾崎一雄がいる。昭和十二年に短篇集『暢気眼鏡』で芥川賞を受賞している。

「暢気眼鏡」は尾崎一雄自身を思わせる貧乏文士とその若い奥さんとの、貧しくも、のんきな暮しをユーモラスに描いている。

夫の小説が売れないので、妻が働くことになる。知人から銀座のマネキン倶楽部の仕事を頼まれる。

ずっと家庭にいた女性だから、人前に出る仕事は恥ずかしいと、はじめは断るが「お金欲しいもん」と家計のことを考えて引き受ける。

「日本橋のS屋に明日から向う一週間、K正宗の宣伝ということだった」。「S屋」は「白木屋」、「K正宗」は「菊正宗」か。

七日間、なんとか無事に勤め「少しばかりの金」が入る。貧乏文士の家庭では、思いがけない収入だったろう。

マネキン倶楽部の乱立で生まれた格差社会

マネキン・ガールのみんながみんな恵まれていたわけではない。いい職業だと分かると、マネキン倶楽部が乱立する。当然、そこに格差が生まれる。

林芙美子の『帯廣まで』(昭和十一年)の主人公はマネキンといっても一流ではない。もともと浅草のレヴューの踊子だった。踊子をやめてマネキンになるが、仕事といえば、東京の小さな町の呉服屋や薬屋や雑貨屋で「一日いくら」の仕事をする。夏には、北海道の町々をまわる。題名の『帯廣まで』は、そこからつけられている。

昭和のはじめ、こういうマネキンを主人公にするところが、庶民を愛した『放浪記』の作家、林芙美子らしい。

小刀で削る鉛筆

子供のために鉛筆を削る母

大事に扱われた貴重品

アナログ人間なのでいまだにパソコンは使えない。原稿は昔ながらに鉛筆で書く。この原稿も鉛筆で書いている。

鉛筆は日本では明治に入ってから普及した。とくに学校教育では鉛筆は貴重品で、生徒たちに大事にされた。

西條八十に「鉛筆の心《しん》」という詩がある。大正八年（一九一九）に児童雑誌「赤い鳥」に発表された。

「鉛筆の心
ほそくなれ

削って　削って
細くなれ」

子供が小刀で一心に鉛筆を削っている姿が思い浮かぶ。注意しながら芯を細くしてゆく。折れないように丁寧に削ってゆく。

宮沢賢治の『風の又三郎』では、村の小さな学校で、鉛筆が子供たちにとっていかに大事だったかが描かれている。

この童話は、書かれた年がはっきりしていないのだが、物語の舞台は大正末期か、昭和初期と思われる。

夏休みが終わって子供たちが学校に戻ってくる。一年生から六年生までがひとつの教室で勉強する。九月一日、高田三郎という転校生がやってくる。風の又三郎と呼ばれるようになる。

二日目。四年生の佐太郎が昨日、鉛筆を失くしてしまったので、妹の三年生のかよの鉛筆を取ってしまう。

妹のかよは泣きはじめる。それを見た又三郎は、佐太郎に自分の「半分ばかりになった鉛筆」をあげる。喜んだ佐太郎は、妹に鉛筆を返す。

村の小さな学校では、半分になった鉛筆でも貴重品になっている。妹のかよが鉛筆のことを「木《き》ぺん」と言っているのが面白い。

懐かしい鉛筆の思い出

山田洋次監督の『男はつらいよ』シリーズ第四十七作『拝啓車寅次郎様』（一九九四年）では、久しぶりに柴又に帰ってきた渥美清演じる寅が、靴のメーカーに就職した甥の満男（吉岡秀隆）がセールスの仕事をしていると聞いて、くるまやの一同の前で、セールスのお手本を示そうと、手近にあった鉛筆をいかにして売るかを実演してみせる。

寅は、いきなり「鉛筆を買いませんか」とは言わない。まず、こんな鉛筆の思い出を語り始める。

鉛筆を見ると、子供の頃、お袋が鉛筆を削ってくれた姿を思い出す。火鉢のところに座って子供のために、肥後守《ひごのかみ》（小刀）で鉛筆を削る。木の削りかすが、火鉢の火で燃えて、いい香りがする。俺はせっかくお袋が削ってくれた鉛筆で落書きばかり書いていたけれど、鉛筆が短くなると、そのぶん頭がよくなった気がした。

寅が名調子でこんな子供時代の思い出を語るので、妹さくら（倍賞千恵子）は「わたし、鉛筆を短くなるまで使った」、夫の博（前田吟）は「鉛筆の先を削って、名前を書いたりしたな」と、それぞれ鉛筆の思い出を語り出す。気がつくと、鉛筆を買おうとしている。さすが、寅は啖呵売《タンカバイ》（路上での商売）のプロ。ナイフではなく「肥後守」と言っているのが懐かしい。私の子供の頃も鉛筆を削る時はたいていこの簡易折りたたみ式小刀を使った。

鉛筆が教室で子供たちに使われていた時代、母親はよく前の晩に、子供の鉛筆を削っておいてくれた。

昭和四年（一九二九）生まれの作家、向田邦子は、子供の頃、母親が夜、自分と弟のために鉛筆を削っていた思い出をエッセイ「子供たちの夜」（『父の詫び状』昭和五十三年）で書いている。

「夜更けにご不浄に起きて廊下に出ると耳馴れた音がする。茶の間をのぞくと、母が食卓の上に私と弟の筆箱をならべて、鉛筆をけずっているのである」

「子供にとって、夜の廊下は暗くて気味が悪い。ご不浄はもっとこわいのだが、母の鉛筆をけずる音を聞くと、何故かほっとするような気持になった」

『男はつらいよ』で寅が語った、鉛筆を削る母の思い出は、昭和の小市民の家庭の良き光景だったことが分かる。

小刀で鉛筆を削る

パソコンがまだ登場しなかった昭和三十年代には、大人も鉛筆で原稿を書いた。

井上靖の小説『通夜の客』の映画化、五所平之助監督の『わが愛』（一九六〇年）では、佐分利信演じるベテランの新聞記者が、戦後、戦時中に軍部に抵抗出来なかったことを反省し、新聞社を辞め、山陰の山の中にこもり、学術書を書く決心をする。東京の妻子と別れ、山奥の一軒家に移り住む。有馬稲子演じる恋人がそれに連れ添う。静かな部屋に机を置き、原稿を書く。この時、恋人の有馬稲子は、鉛筆を何本もきれいに削って、彼の執筆を傍で支える。プロの物書きは、一日中机に向かうから、鉛筆を何本も用意するのだろう。

作家の山口瞳は、洋酒会社に勤務していた時に小説を書き、思いがけずそれが直木賞を受賞したのを機に作家として立った。

その山口瞳自身の体験の映画化、岡本喜八監督の『江分利満氏の優雅な生活』(一九六三年)では、小林桂樹が山口瞳をモデルにした主人公、江分利満を演じる。

洋酒会社のサラリーマンだが、ある時、女性雑誌の編集者から小説を依頼される。自分が辿ってきた人生を書くことにする。

「さあ、書くぞ」と気合を入れて机に向かう。この時、鉛筆を何本も削って用意する。用意はしたもののなかなかうまく書けずに、苦吟する。

鉛筆は小刀やナイフで削るものだったが、やがて鉛筆削り器が登場する。私がはじめ電気鉛筆削り器を知ったのは映画で。

日本では一九五八年に公開されヌーベルバーグと評判になったフランス映画、ルイ・マル監督の『死刑台のエレベーター』。

モーリス・ロネ演じる主人公の会社で女性の秘書が働いている。机の上に鉛筆が何本かある。そばに固定電話のようなものが置かれていて、秘書は鉛筆をそこに差し込む。はじめそれが何か分からなかった。のちに電気鉛筆削り器と知った。日本では、まず手でハンドルをまわしながら削る手動式が登場し、そのあと電動式にかわっていった。

岡本螢作、刀根夕子画の漫画『おもひでぽろぽろ』(青林堂、昭和六十三年)では、昭和四十一年、主人公の十歳のタエ子は、高校生のお姉さんが買ってもらった電気鉛筆削りが羨ましくて仕方がない。お姉さんからそれを借りて、鉛筆を何本も削ってみる。あっというまにきれいに削れる。楽しくて、気がついたら何本もの鉛筆が短くなっていてお母さんに叱られる。

鉛筆は小刀やナイフで削りたいもの。以前「この頃の子供は鉛筆を削れない」と話題になったが、いまの子供はどうなのだろう。

Ⅲ　青春

駅の別れ

プラットホームでのドラマ

メロドラマの王道

鉄道の駅は別れの舞台になる。

列車に乗って去ってゆく者。プラットホームで見送る者。駅は別れの場所として人々に記憶されてゆく。

昭和の恋愛映画の代表作、昭和十三年（一九三八）に公開された野村浩将監督の『愛染《あいぜん》かつら』には有名な駅の別れがある。

ヒロインの高石かつ枝（田中絹代）はいまふうに言えばシングルマザー。子供を抱えて大病院で働く当時の言葉でいえば看護婦。院長の息子で医師の津村浩三（上原謙）に愛されるが、彼女は未亡人。津村の親に反対される。

二人は思い切って京都へ駆け落ちすることにする。夜の十一時に新橋駅で待ち合わせる。ところが、その日、彼女の子供が病気になる。約束の時間が刻々と迫る。無論、まだ携帯電話などない時代。彼女は仕方なく、子供を姉（吉川満子）に預けると、タクシーで新橋駅に駆けつける。入場券を買って、階段を駆け上がり、ようやくホームに出ると、ああ、無情にも浩三を乗せた列車は走り出したところ。「浩三さま！」と叫んでも、もう声は届かない。

典型的なメロドラマの別れ。多くの観客の涙を誘い、映画は大ヒットした。昭和十三年と言えば、前年に日中戦争が始まっている。そんな時代にメロドラマがヒットする。まだ時代に余裕があったのだろうか。

出征する父や息子を見送る家族

戦争が長引くにつれ、駅は出征兵士を見送る場所になってゆく。

昭和十四年（一九三九）に公開された石坂洋次郎原作、成瀬巳喜男監督の家庭劇『まごころ』では、最後、小学生の娘のいる父親（高田稔）が、駅（甲府駅）から列車に乗って出征してゆく。それを家族や町内会の人たちが「万歳」と見送る。

戦争に行く父親を見送るのは、娘にとってつらいことだろうが、戦時中の映画だから、そこは明るく描いている。

当時の歌謡曲に「軍国の母」（島田磬也作詞、古賀政男作曲）がある。出征する息子を見送る母親の気持が、こう歌われている。

「名誉の戦死頼むぞと　涙も見せず励まして　我が子を送る朝の駅」。母親が涙も見せずに出征するわが子を見送る。そういう時代だった。

駅は恋の別れの舞台

戦争が終わって平和が戻り、駅は再び、恋愛映画に恋人たちの別れの場として登場する。

木下恵介監督の飛騨高山を舞台にした『遠い雲』（一九五五年）。

高山の古い造り酒屋の息子（田村高廣）が夏の休暇に、東京から故郷に戻ってくる。彼には初恋の人（高峰秀子）がいる。二人は愛し合っていたが、彼女は家の事情で他の旧家に嫁いだ。いまは未亡人になっている。

再会した二人のあいだに恋が再燃する。東京へ駆け落ちすることになる。朝の高山駅で待ち合わせる。

先に来た青年が駅で待っている。遅れて彼女が来る。列車に乗ろうとするが、小さな子供を家に置いて来た彼女は乗るのをためらう。青年一人を乗せた列車が去ってゆく。

悲しい恋の別れになっている。

駅は人の心をどこまでも感傷的にするのだろう。

理知的な三島由紀夫でさえ『仮面の告白』では、思いがけずきわめて感傷的な駅の別れを書いている。

終戦間近の昭和二十年(一九四五)の夏、東大生の「私」は、園子という女性と愛し合う。信州に疎開している彼女と別れ、東京に帰る。その別れの場面。

「列車がうごきだした。園子の幾分重たげな唇が、何か口ごもっているような形をうかべたまま、私の視野から去った」「園子! 園子! 私は列車の一ト《ひと》揺れ毎《ごと》にその名を心に浮べた」

弟の汽車を追う姉の涙

駅の別れは大人たちにとってもつらいのだから、子供にとってはなおのことだろう。

水木洋子脚本、今井正監督の『キクとイサム』(一九五九年)は、当時の言葉でいえば、混血児のキクとイサムの姉弟と、ふたりを育てる心やさしい祖母の物語。

終戦後の日本社会で、進駐してきたアメリカのGIと日本の女性とのあいだに生まれた混血児の存在は大きな問題になっていた。

キク(高橋恵美子)と弟のイサム(奥の山ジョージ)は会津の山里で祖母(北林谷栄)に育てられている。農家の暮しは決して楽ではないが、祖母は二人に優しい。

しかし、これから先のことを考えると、混血児は日本よりアメリカにいるほうがいいかもしれない。祖母は、考えた末にイサムをアメリカに養子に出すことにする。駅の別れになる。田舎の小さな駅に汽車が入ってくる（会津の駅という設定だが、撮影は、埼玉県の八高線《はちこう》の寄居駅《よりい》でされている）。

イサムが列車に乗り込む。本当はアメリカに行きたくない。それでも祖母が考えたことだから仕方がない。キクも弟とは別れたくない。

汽車が走り出す。それまで静かに見送っていたキクが突然、汽車を、弟を追ってホームを走り出す。去ってゆく汽車を必死で追う。

ホームの先まで来て、汽車を見送るキクの目から涙がこぼれ落ちる。いつ見ても、この場面は涙を禁じ得ない。

子供たちの不安な旅立ち

昭和三十年代の高度経済成長期、地方の中学校を卒業した少年や少女たちが、若い労働力として東京に出た。集団就職と呼ばれ、まだ十代なかばの子供たちが、特別仕立ての列車で故郷を離れた。

集団就職で秋田県の農村から東京に働きに出た子供たちの行く末を描いた小杉健治のミステリ『土俵を走る殺意』には、昭和三十七年（一九六二）、八幡平《はちまんたい》の麓の町から、中学校を卒業した子供たちが、東京への列車に乗る様子が描かれている。

ホームいっぱいに別れの言葉が行き交う。やがて発車のベルが鳴る。列車は上野へ向かって走り出す。八幡平の山が見えなくなると車内のあちこちから少女たちのすすり泣きが聞こえてくる。やがて「(その)すすり泣きが号泣に変わった」。

まだ小さな子供たちが家族と別れ、見知らぬ大都会に出てゆく。涙が出ても無理はない。山田洋次監督の『男はつらいよ』シリーズ第七作『奮闘篇』(一九七一年)には、冒頭、渥美清の寅が新潟県の小さな駅で、集団就職の子供たちを見送る場面がある。只見《ただみ》線の越後広瀬駅で撮影されている。昭和四十六年にもまだ集団就職があったか。寅が、自分もその列車に乗る予定なのに、見送りに熱心になってしまい、乗り損なうのが笑わせる。

小津安二郎監督は鉄道好きだった。ラストシーンにはよく走り去る鉄道を登場させた。戦前の『父ありき』(一九四二年)をはじめとして『お茶漬の味』(五二年)『東京物語』(五三年)『東京暮色』(五七年)『彼岸花』(五八年)『浮草』(五九年)と数多い。汽車が去ってゆくところで物語を終わらせる。そこに無常観がにじみ出る。

『東京物語』の最後、原節子演じる戦争未亡人は、尾道で行なわれた亡夫の母親の葬儀に出席したあと、一人、尾道から東京へと汽車で帰ってゆく。物語の終わりと人の生の終わりが重なり合い、深い余韻を残す。

熱海へのお出かけ

お忍び旅行の行き先

『東京物語』にも登場する熱海旅行

熱海が輝いていた時代があった。

東京に近い温泉地のため、社員旅行や新婚旅行、あるいは男女のお忍び旅行の絶好の場になった。

小津安二郎監督の『東京物語』（一九五三年）に熱海が出てくる。尾道から東京に、息子や娘たちを訪ねて来た老夫婦（笠智衆、東山千栄子）が、娘（杉村春子）の発案で熱海に行くことになる。親孝行のつもりだが、老いた両親をもてなすのに疲れたこともあるだろう。

娘の杉村春子はきょうだいに早速、呼びかける。「お父さん、お母さん、熱海にやってあげようと思うの」。そばで夫の中村伸郎が賛成する。「熱海はいいですよ、この暑いのに東京見て歩くよりゃ、温泉へでも入って、ゆっくり昼寝でもしてもらうほうが、お年寄りにはよっぽどいいですよ」

そこで両親は熱海に行き、旅館に泊まるのだが、ちょうど社員旅行の団体客が入っていて、酒を飲んで騒ぐ。麻雀をする。窓の外には、流しがやって来て歌う。大変なにぎわいで、老いた両親には合わず、結局、一泊しただけで東京に戻ってしまう。

この時代、熱海が人気の行楽地になっていたことが分かる。朝、旅館で掃除をしている「女中」たちが「ゆうべの新婚どお？　がら悪かったわね」と噂しているのも面白い。新婚旅行でもにぎわっていた。

家族旅行にも人気の行楽地

家族連れもいる。

昭和三十三年（一九五八）の映画、源氏鶏太原作の『重役の椅子』（筧《かけい》正典監督）では、熱海行きが小市民の家族のおでかけになる。

池部良演じる主人公は商社に勤める有能なエリート社員。奥さん（杉葉子）と小学生の息子の三人の家庭を大事にしている。

いつか暇が出来たら、家族水入らずで熱海に行くのがささやかな夢。ある日曜日、熱海に行こうと家を出たところで会社から電話で急に呼び出される。熱海行きは中止になる。

高度経済成長期の働き蜂には、なかなか余裕がない。がっかりした子供は「いつ、熱海に連れて行ってくれるの」と怒る。

そして、最後、ようやく大きな仕事も社内の人事の混乱も一段落する。会社の帰り、千《せん》疋屋《びきや》のメロン（当時の御馳走）を買って家に帰ると、「わあ、メロンだ」と喜んだ子供に父親はいう。「今度の日曜日、熱海に行くぞ」。

昭和三十年代のはじめ、熱海行きは、家族のうれしいおでかけだった。こういう光景はどこの家庭にもあったのではないか。

お忍び旅行も意味した「熱海にゆく」

熱海行きは、ときに男女のお忍び旅行になる。

石川達三の『四十八歳の抵抗』（昭和三十一年）は、現代でいうミドルエイジ・クライシス（中年危機）を描いている。会社では、そこそこ出世した。子供も成長した。安定した中年の筈だが、何か物足りない。老けこむにはまだ早い。若い女性と恋をしたい。

中年男性の不安な心理が共感を呼び、「四十八歳の抵抗」は当時、流行語になり、映画化もされた。

昭和三十一年（一九五六）に公開された吉村公三郎監督の映画化作品。山村聰演じる主人公は大手保険会社の幹部社員。仕事はうまくいっているが、日々、生きている充実感がない。このまま年を取って終わってしまうのか。

そんな時、バーでユカという十九歳の女性と知り合う。分別ざかりなのに、可愛い少女に夢中になってしまう。「おじさま好きよ」「仲良しになって」などと甘えられると、本気になってしまう。ユカを演じているのは人気歌手の雪村いづみ。

四十八歳の主人公は、娘のような少女に惚れてしまい、一緒に旅にゆくことを納得させる。行き先は熱海。「熱海にゆく」といえばお忍び旅行も意味した。

二人は、熱海の海の見える旅館に泊まるのだが、いざ、ことに及ぼうとすると彼女は「いや、ユカちゃん、お嫁に行けなくなっちゃう」と拒絶。中年男の年甲斐もない恋はあっけなく終わってしまう。

文人たちに愛された温暖な土地

熱海は文人と縁が深い。気候が温暖だからだろう。

志賀直哉は、戦後、熱海南部、伊豆山稲村の大洞台《おおぼらだい》にある山荘を借りた。高台にあったので、海が見下ろせるばかりか、伊豆の島々、初島も見渡せた。時にはイルカの群れも目に入った。

山を降りて熱海の町を歩いた。とくに熱海銀座に現在も健在の洋食店、スコット旧館にはよく通った。店内には志賀直哉指定の席がいまもある。

同じようにスコットを愛したのが、戦時中と戦後に熱海に住んだ谷崎潤一郎。食糧難の時代にいい肉が手に入るとスコットに持ってゆき、料理してもらった。

谷崎潤一郎の、熱海時代のことを描いた『台所太平記』（昭和三十八年）には、「食いしんぼう」の主人公が、熱海の高台から、毎日のようにお手伝いを促して、町に食材を買いにゆくくだりがある。熱海では、戦時中でも思いがけず物が豊富で、ある時には、八百屋に生ワカメが一杯積んであり、それを買った。二杯酢にしたら、それがうまかった。お手伝いは「熱海には何でもございますね」と感心し、あちこちの店先で買物籠をひろげる。

戦時中、熱海はアメリカ軍による艦砲射撃の噂はたったが、結局、被害はなかった。空襲もなかった。戦後発展したのは、それが一因だろう。

『台所太平記』には、「熱海の街が今日のように発展しましたのは戦後のこと」とある。ただ昭和二十五年（一九五〇）には大火に遭っている。

永井荷風も戦後、昭和二十年に半年ほど熱海で暮している。一人暮しの老人なので、食料を手に入れるのは苦労したようだが、戦火に遭わなかった温暖な土地は老いの身にはよかったのだろう。日記『断腸亭日乗』には、昭和二十年の秋、荷風が熱海の町の美しさをたたえるくだりがある。また暮しにしばしば余裕も出来、名月を眺め、句も詠んでいる。

「湯の町や灯《ひ》もにぎやかに今日の月」

昭和四十年代の東京に住む小学生の女の子を主人公にした懐かしさあふれる漫画、岡本螢作、刀根夕子画の『おもひでぽろぽろ』（青林堂、一九八八年）にも熱海が登場する。

小学五年生のタエ子は、東京の普通のサラリーマン家庭の子供。夏休み、田舎のある友だちはみんな祖父母の家に遊びに行く。田舎のないタエ子はどこにも行けない。悲しむタエ子をお祖母ちゃんが熱海に連れてゆくことになる。有名なホテル、大野屋に泊まる。一家は、これまで何度かここに来ているようだ。末娘のタエ子ははじめて。大ホテルで、たくさんある風呂に喜んで入りにゆく。とうとう最後の大浴場のローマ風呂では、のぼせて倒れてしまう。可愛い。

熱海はいっとき客足が落ちていたが、最近駅やホテルがリニューアルされ、スイーツ店も増え、活気を取り戻している。

小さな町にも映画館

昭和三十年代が映画の黄金時代

庶民の日常に溶け込む映画館

昭和二、三十年代は盛り場でもない町にも映画館があり、町の人々に日常的に親しまれていた。

成瀬巳喜男監督のホームドラマの傑作『おかあさん』（一九五二年）には、娘の香川京子が、遊びに来た叔母さんの中北千枝子に近所の映画館に連れていってもらい、二人でメロドラマに大泣きする微笑ましい場面がある。御大層な映画館ではない。商店街のなかにある、下駄履きでゆけるような庶民的な映画館。

あの頃は小さな町にも映画館が多かった。

同じ成瀬巳喜男監督の『鰯雲』（一九五八年）は次第に都市化してゆく小田急沿線の厚木

の農家の物語（畑の向こうをロマンスカーが走っている）だが、このなかに、農家の次男坊で町の銀行に勤めている太刀川洋一がいとこの水野久美と映画を見に行く場面がある。レストランで食事をしたあと映画館に行く。

厚木セントラルという実際にあった映画館でジェームズ・スチュワートがリンドバーグを演じたビリー・ワイルダー監督の『翼よ！　あれが巴里の灯だ』（一九五七年）とスタンリー・キューブリック監督のギャング映画『現金《げんなま》に体を張れ』（一九五六年）の豪華二本立て。こういう二番館というものが近年なくなってしまった。

鈴木英夫監督のサスペンス映画『彼奴《きやつ》を逃すな』（一九五六年）では、町の商店街でラジオの修理店を営む木村功が、一日の仕事を終えたあと、奥さんの津島恵子と近所の映画館にイギリス映画、キャロル・リード監督の庶民劇『文なし横丁の人々』（一九五五年）を見に行く。

この時代、若い夫婦が仕事のあと近所の映画館に出かけることはごく普通のことだった。まだテレビが普及していない時代、映画は昭和の小市民の最大の楽しみだった。

だからこの時代の映画には主人公たちが映画を見に行く場面が実に多い。それだけ映画が庶民の暮しの中に溶け込んでいた。

『鰯雲』が公開された昭和三十三年（一九五八）は映画人口が十一億二千七百万人とピークに達した年。国民一人あたり一年に十二、三回映画館に通った勘定になる（現在はその約十分の一)。まさに映画の黄金時代だった。映画館は昭和の町の大事な場所だった。

「活動写真」から「映画」の時代へ

映画が現在のように広く親しまれるようになったのは大正時代になってから。映画評論家の大先輩たちはだいたい十代の頃、つまり大正時代に映画の魅力にとりつかれている。たとえば明治三十五年東京生まれの飯島正は回想記『ぼくの明治・大正・昭和』(青蛙房、平成三年)のなかで府立一中(日比谷高校の前身)の生徒だった頃に映画が好きになり、毎日のように学校の帰りに浅草まで映画を見に行った、と書いている。

また明治四十二年に神戸に生まれた淀川長治は『淀川長治自伝』(中央公論社、昭和六十年)のなかで、大正七、八年頃に、神戸の映画館に通うようになり『ファントマ』や『ジゴマ』に夢中になったと書いている。大正時代は「映画の青春期」だったといえる(ちなみに当時はまだ「映画」ではなく「活動写真」といっていた)。川端康成の大正時代に書かれた『伊豆の踊子』で踊子が旅の途中であった「私」(一高の学生)と親しくなり「(あした下田に着いたら)活動へ連れて行ってくださいましね」といっているのは「映画の青春期」ならでは。この時代、もう伊豆の下田にも映画館が出来ている。

映画がさらに普及するのは昭和に入ってからで、昭和になると「活動写真」にかわって「映画」が使われるようになる。

昭和十二年（一九三七）に発表された永井荷風の『濹東綺譚』は荷風自身を思わせる「わたくし」が浅草の映画街に出かけるところから始まっている。

「わたくし」は映画そのものは見ないが、看板だけは見るようにしているという（荷風は「映画」ではなくあえて「活動写真」という古い言葉を使っている）。

「（略）活動写真は老弱《ろうにゃく》の別《わかち》なく、今の人の喜んでこれを見て、日常の話柄《わへい》にしているものであるから、せめてわたくしも、人が何の話をしているのかと云うくらいの事は分るようにして置きたいと思って、活動小屋の前を通りかかる時には看板の画と名題《なだい》とには勉《つと》めて目を向けるように心がけている」

昭和に入って映画が小市民に広く親しまれるようになっていることが分かる。

少年も女学生も恋人たちも夢を見た映画館

大正十二年（一九二三）に浅草に生まれた池波正太郎が映画が好きになり、浅草の映画館に通うようになるのは『濹東綺譚』とほぼ同じ時期。たとえば池波少年は大晦日に祖母から小遣いをもらうと、友達とまず浅草へ行き、映画館で映画を見る。それから並木の藪《やぶ》へ行って年越しそばを食べ、それからまた別の映画館に行く。池波正太郎は映画好きで知られたがその下地は子供時代の浅草で作られている。

昭和二年（一九二七）、東京の日暮里生まれの吉村昭は回想記『昭和歳時記』（文藝春秋、平成五年)のなかで「少年時代、私は映画に熱中し、週に三、四回は映画館に足をむけた。東京の下町では、どの町にも四つか五つの映画館があった」と書いている。昭和十年代、吉村昭の生まれ育った日暮里の町にも映画館が四つもあったという(現在はひとつもない)。

この時代、女学生も映画を見る。北杜夫の『楡家の人びと』では楡家のひとり、藍子という東洋英和女学校に通う女学生が当時、ひとつの頂点に達した数々のフランス映画をよく見ている。

ジャン・ルノワールの『どん底』、ジュリアン・デュヴィヴィエの『我等の仲間』『舞踏会の手帖』『望郷』、レオニイド・モギイの『格子なき牢獄』など。

「その大部分を一回ならず藍子は観賞し、ルイ・ジュヴェの男爵に、ジャン・ギャバンの親分バリーに、いたく変化し易《やす》い時期にある彼女の心は、宝塚《たからづか》少女歌劇を見るよりも更にこそばゆくゆさぶられた」

日中戦争の頃、昭和戦前の最後の映画の輝きといえよう。

戦争が終わり、戦後再び映画は盛んになる。

市川崑監督の『恋人』(一九五一年)は明日結婚式を挙げることになっている久慈あさみ(小田急沿線の成城学園前駅あたりに住んでいる)が、幼なじみの池部良を誘い、独身最後の夜を一緒に過ごす物語。

二人は銀座に出て映画を見る。

メロドラマの名作、マービン・ルロイ監督、ロバート・テーラー、ヴィヴィアン・リー主演の『哀愁』（一九四〇年）。二人は本当は愛し合っているが、とうとう最後までその気持ちを伝え合えないで別れてゆく。

それでも映画を見ている時だけは恋人どうし。映画をカップルで見る。これだけは現在も続いているのではないか。

名曲喫茶

電蓄で聴くクラシック

ラジオでクラシックを聴く

クラシック音楽が家庭で広く親しまれるようになったのはLPレコード（長時間レコード）が発売された昭和二十六年（一九五一）のあとからだろう。

昭和三十一年（一九五六）に公開された石坂洋次郎原作、田坂具隆監督の『乳母車』には、こんな場面がある。

東京の出版社の要職にある宇野重吉はクラシック好き。鎌倉の家に帰ると、大きなプレーヤーでLPのレコードを聴く。聴いているのは、ラロの「チェロ協奏曲ニ短調」。

この時代、自宅にプレーヤーを備えているのは相当な金持ちだろう。まだ高価だったから誰でも買えたわけではない。

昭和三十四年（一九五九）公開の同じく石坂洋次郎原作、田坂具隆監督の『若い川の流れ』では、金持ちのお嬢さん芦川いづみが自分の部屋にプレーヤーを持っている。クラシック好き。ある時、やはりクラシックの好きな男友達の小高雄二を「ショスタコーヴィチの新しいLPを手に入れたのよ」といって自分の部屋に誘う。そして二人で「ヴァイオリン協奏曲第一番」を聴く（片山杜秀『音盤博物誌』〔アルテスパブリッシング、二〇〇八年〕による）。『乳母車』も『若い川の流れ』も主演は石原裕次郎。残念ながらクラシックを聴く場面はない。ところが同じく石坂洋次郎原作、田坂具隆監督の昭和三十三年の『陽のあたる坂道』では田園調布に住むお坊ちゃんの石原裕次郎が自分の部屋でクラシックを聴く。ラジオから流れてくる曲はシューマンのピアノ曲「蝶々」。まだ若いからさすがにプレーヤーは持っていない。ラジオでクラシックを聴くというのが若者らしくていい。

レコードでクラシックを聴いていた大正時代の文学者

日本でクラシック音楽が親しまれるようになったのはいつごろからだろう。

『銭形平次捕物控』の作者、野村胡堂は他方で「あらえびす」のペンネームでクラシックのレコード評を書いた。クラシック音楽評論家の草分け。

「報知新聞」の記者だった野村胡堂が新聞にレコード評を書くようになったきっかけは、大正十三年（一九二四）、日本にはじめて輸入されたベートーヴェンの「交響曲第九番」のレコードを聴いて感激し、そのレコード評を書いたことだった。日本の新聞に掲載された最初のレコード評だという。

ちなみに「クラシック」は日本でのいい方で、英語では"classical music"。大正時代に入って文学者たちが好んでクラシックをレコードで聴くようになる。

北原白秋、萩原朔太郎、宮沢賢治らの名前が思い浮かぶ。白秋は、大正十一年頃、小田原の山荘に住んだが、ある時、そこに室生犀星と萩原朔太郎を招待した。そして食事のあとビクターの蓄音機でショパンのレコードを聴かせた。まだレコードも蓄音機も珍しかった時代。最高のもてなしだったろう。

朔太郎は当時、輸入レコードの発売で知られた銀座の天賞堂の上得意だったという。また宮沢賢治は、花巻でレコード鑑賞会を開いていた。

レコード時代の到来と名曲喫茶の登場

クラシックのレコードが次第に普及してゆくのは昭和に入ってから。

昭和八年（一九三三）公開の小津安二郎監督の『非常線の女』には、岡譲二演じる主人公が銀座のレコード店に入る場面がある。店内には書斎ほどの広さの試聴室があり、岡譲二はそこでひとり、ゆっくりと新着のレコードを聴く。現代よりずっと贅沢だ。

サイレント映画なので何の曲か分からないが字幕から判断すると、クラシック、当時の言葉でいえば洋楽のようだ。

昭和十二年公開の成瀬巳喜男監督の『女人哀愁』では、ヒロインの入江たか子が銀座のレコード店（山野楽器）で働いている（着物姿）。高級店で、店内は二階まで吹き抜けになっている。レコードは棚に横になって入っている。新譜のコーナーには“New Arrival”と英語で書かれている。ハイカラだ。

こうした映画から昭和のはじめにレコード時代が到来したことが分かるが、まだまだレコード（SP）は贅沢品で女店員の月給が三十円前後の時代に安いものでも一枚一円五十銭はした。また蓄音機は国産の安いもので二十円以上、高級機で六百円もした。

1910年代以降、おなじみのビクターのトレードマークが。写真上は1930年代に流行したリストのハンガリー狂詩曲。写真中は、小津安二郎監督の映画『非常線の女』で主人公がレコード店で聴いているのと同じ高級盤の「赤盤」。
写真提供：高氏貴博

これでは一般の人間にはなかなか買えない。

そこで昭和十年頃から、クラシックのレコードを聴かせる名曲喫茶が登場してくる。吉村公三郎監督の回想記『キネマの時代――監督修業物語』（共同通信社、昭和六十年）には当時の名曲喫茶の思い出が書かれている。

「蒲田に『田園』という喫茶店があった。当時流行した名曲喫茶という奴である。これの大きなのが銀座にあり『ダット』『都茶房』といった。共に立派な電気蓄音機を置いており、『ダット』にはレコード・ガールというのがイブニングドレスを着て、レコードの演奏が終わったのを取り替えていた」

「電気蓄音機」（電蓄）という言葉が懐かしい。私の子供時代、昭和二十年代もまだこの言葉は残っていた。「ステレオ」とか「プレーヤー」というようになったのは東京オリンピックの頃からだったか。

昭和十年代の喫茶店が出てくる戦前の映画がある。

のちに『君の名は』を作る大庭秀雄監督の昭和十六年（一九四一）の作品『花は偽らず』。本郷あたりに住む学者の佐分利信が、散歩の途中、町の喫茶店に入る。観葉植物が置かれ、「電蓄」からはモーツァルトの「アイネ・クライネ・ナハトムジーク」が聴えてくる。

銀座の名曲喫茶「らんぶる」

名曲喫茶は戦後も盛んになる。

まだレコードも「電蓄」も高くて庶民には手が出なかった。だから音楽ファンは名曲喫茶に通った。

昭和十年（一九三五）生まれの作家、三木卓はエッセイ集『雪の下の夢　わが文学的妄想録』（冬花社、平成二十二年）のなかで昭和三十年代、青春時代に名曲喫茶に通った思い出を書いている。

「ＬＰレコードは、大学出の初任給で二、三枚しか買えないという、目から火が出るほど高価なもので、それで買えっこない注目の新譜が、どこそこの喫茶店にはいった、という噂が聞こえてくると、それを聞くために青年ファンどもは、わざわざ出かけていった」

昭和二十八年（一九五三）に公開された林芙美子原作、成瀬巳喜男監督の『妻』には、銀座にあった名曲喫茶「らんぶる」が出てくる。

サラリーマンの上原謙は、妻の高峰三枝子との結婚生活が倦怠期にあり、同じ会社でタイピストとして働いている未亡人の丹阿弥谷津子と次第に心惹かれあう。

ある昼休み、二人は「らんぶる」に行く。ヴァイオリン曲が流れている。「ラロの『ヴァイオリン協奏曲』。私の大好きな曲なんです」。上原謙はそんな丹阿弥谷津子にいよいよ惹かれてゆく。

「らんぶる」は平成に入っても健在だったがいまはない。何度か通ったところだったが。

新婚旅行が始まった

新橋発熱海行きの「蜜月列車」

荷風の小説に登場する「新婚旅行」

新婚旅行はいつごろから始まり、いつごろから一般化したのだろう。

坂本龍馬が新婚旅行を始めたという説があるが、幕末に「新婚旅行」という言葉はなかったし、本人にも、その意識はなかっただろう。

文学作品に「新婚旅行」が登場する早い例に、大正七年（一九一八）に発表された永井荷風の小説『おかめ笹』がある。

東京に住む高名な日本画家の息子が、見合いをして結婚する。そのあと新妻と箱根に新婚旅行に出かける。

荷風は、はっきり「新婚旅行」と書いている。大正時代のなかば、ようやく世に新婚旅行が登場してきている。ただ、この新婚夫婦は、夫が前述のように高名な画家の息子、妻は足利家の家令をつとめた名家の出。どちらも富裕な家の子供だから、一般に先がけて新婚旅行が出来たと言える。庶民のあいだで新婚旅行が広まるのはまだずっと先。

荷風は『おかめ笹』のなかで、若い二人の結婚式の次第を丁寧に書き込んでいる。二人は、まず日比谷大神宮（関東大震災後に現在の千代田区富士見町に移転、東京大神宮に改称）で神前結婚式を行なう。そのあと築地の西洋料理店、精養軒で披露宴を開き、そして新婚旅行へ出かける。

神前結婚、披露宴、新婚旅行、という現在の形が、大正のなかばに生まれている。それまでは、結婚式も披露宴も、新郎の家で親類縁者を集めて行なうのが普通だった。それが大正デモクラシーの影響もあり、若い新婚夫婦が「家」の格式にとらわれなくなり、家の外へ出る形が広まっていった。

『おかめ笹』の二人は日比谷大神宮で神前結婚をするが、この神社は明治三十年（一八九七）頃から東京で結婚式場として有名になった。このあと、神田明神や築地本願寺も、それに倣い、結婚式場を作ってゆく。

神社での結婚式のあと、家の外のレストランや料亭に披露宴の会場を設けるのも、この頃から行なわれてゆき、東京では日比谷大神宮に近い帝国ホテルや東京會舘、築地の精養軒がその代表的な披露宴会場になった。

谷崎潤一郎の『細雪』は、昭和十年代を舞台にしている。蒔岡家の次女、幸子は昭和十五年（一九四〇）の夏、夫の貞之助と河口湖畔に旧婚旅行に出かける。そこで二人は自分たちの新婚旅行のことを思い出す。

「夫婦は云わず語らずのうちに、もう十何年前になる新婚旅行当時の気分に復《かえ》っていた。そう云えばあの時は（箱根の）宮の下のフジヤホテルに泊り、翌日蘆《あし》の湖畔をドライヴしたりした」

荷風の『おかめ笹』より少しあと、大正末期のことと思われる。『おかめ笹』の新婚夫婦と同じように、幸子と貞之助も芦屋に住む富裕な階層だから、一般には先がけて、新婚旅行を楽しむことが出来たのだろう。

箱根の高級ホテルである富士屋ホテルに泊まり、芦の湖畔をドライブしているのだから、そうとう贅沢だ。

ういういしい新婚旅行《ふたりたび》

昭和に入ると、ようやく新婚旅行が庶民のあいだでも行なわれてゆく。

廣澤榮『黒髪と化粧の昭和史』（岩波書店、平成五年）によると、昭和に入って、挙式を終えた花嫁花婿が新婚旅行に出かける習慣が広まったとある。

「旅先は、まず手近なところで、東京だと大森海岸の宿に一泊、関西だと有馬温泉ぐらいのところだったのが、箱根、湯河原、熱海まで足をのばすようになるのは一九三二（昭和七）年ごろから」

当時、新橋発の午後九時〇四分発下り八四一号、熱海行き列車は、新婚夫婦が多く「蜜月列車」と呼ばれたという。

昭和十一年（一九三六）には「花嫁行進曲」という歌（髙橋掬太郎作詞、江口夜詩作曲）も作られている。

「髪は文金高島田
おもいうちかけ　角隠し
私しゃ花嫁　器量よし」

と一番にあり、二番はこう続いている。

「夢を見るよな　新婚旅行
愛のホテルの　第一夜
物が云えない　差向《さしむか》い」

まだこの時代、花嫁も花婿もういういしい。二番の「新婚旅行」は「ふたりたび」と読む。古風な感じがあっていい。

新婚旅行は列車に乗って

昭和に入って普及した新婚旅行だが、やがて日中戦争、太平洋戦争と続く戦争の時代には、庶民が新婚旅行をしている余裕はなくなる。

戦争が終わってもしばらくは混乱期が続く。ようやく新婚旅行が復活してゆくのは、昭和三十年代に入って、世の中が落ち着いてからだろう。

昭和三十一年（一九五六）に公開された映画、岸田國士原作、水木洋子脚本、成瀬巳喜男監督の『驟雨』には、新婚旅行をめぐる愉快なエピソードがある。

若い香川京子が結婚する。新婚旅行に出かけるが、予定を切り上げて一人で東京に帰ってくる。郊外に住む伯母、原節子の家を訪ね新婚旅行で夫にひどい目にあったと、怒って話し出す。

夫（映画には登場しない）は、列車に乗るや口を開けて寝てしまった。もともと平気で人前であくびをするような行儀の悪い男だった。宿に着くと、新婦にはよそよそしく、「女中」にはなれなれしくする。

旅行中の出来事をぷんぷん怒って話す香川京子が可愛く、本人は怒っているのに、観客はかえって笑ってしまう。

いちばん可笑しいのは、「蒲郡《がまごおり》がどこにあるか知っているか、日本地図を描いてみろ」

と夫に言われて地図を描くと、「キュウリみたいだ」と馬鹿にされた、と怒るところ。新婚旅行が最初の夫婦喧嘩の場になったのだが、こんな他愛ないことで言い合いをしているのだから、この二人はすぐに仲のいい暮しを始めることだろう。

昭和三十年代、東京駅からは熱海をはじめ伊豆方面に新婚旅行に出かける若い夫婦が増えた。小津安二郎監督の昭和三十三年（一九五八）の作品『彼岸花』では、東京駅の二人の駅員が、ホームで新婚夫婦を見ながら、のんきに「今日のなかではどの花嫁がよかったか」と花嫁の〝品定め〟をしている。現代なら問題になりそうな場面だが、この時代、新婚旅行の客が増えていっていることは分かる。

さらに、昭和三十六年公開の映画、松本清張原作、石井輝男監督の『黄色い風土』では、冒頭、週刊誌記者の鶴田浩二が東京駅から、熱海方向に向かう列車の二等車（現在のグリーン車）に乗ると、新婚ばかりなので、なるほどこれがいま評判の「新婚列車」かと驚く。

高度経済成長のただなか、熱海や伊東への新婚旅行が盛んだった頃。海外への新婚旅行が普通になった現代ではもうこんな「新婚列車」は見られないだろう。

映画の中のキスシーン

刺激的だった昭和の接吻

キスの文化がない日本

最近は、幸いなことに目立たなくなったが、いっとき電車のなかで若いカップルが平気でキスをするのに、うんざりしたものだった。

「慎ましさ」を徳とする日本人には、人前でキスをするなど似合わない。キスは西洋人にまかせておけばいい。

作家の丸谷才一に「キスの研究」という面白いエッセイがある（『男もの女もの』文藝春秋、平成十年）。

丸谷先生も、電車の中でキスをする若者たちを見て辟易《へきえき》する。

「ああいふのを見ると、わたしはどうも、日本人においてはキスの伝統が浅いなあと憂へたくなるのですね」

その通り。人前でキスをしている若いカップルなど見ると「みっともないからやめろよ」と怒りたくなる。

西洋人は、他人どうしでも平常の挨拶としてよくキスをする。だから恋人どうしのキスも不自然ではない。しかし、日本の場合は違う。いわばキスの文化というものがない。丸谷才一は言う。「われわれのキスは、単にエロチックなものだけであつて、孤立してゐる」

日本では、閨房のようなプライベートな空間での性行為のひとつとしての「口吸い」はあったが、西洋のように挨拶がわりに人前でキスをするような文化、習慣はなかった。むしろ、プライベートな行為だから人前ではしてはならないものだった。

キスは近代になって西洋から入ってきた。明治三十一年（一八九八）から三十二年にかけて新聞に発表されて大評判になった徳冨蘆花の『不如帰《ほととぎす》』のなかで、「接吻」に「キッス」とルビが振られたのが早い例だろう。

主人公の浪子は、海外に出張している夫の海軍少尉川島武男の写真に向かって「早く帰ッて頂戴」と、写真のなかの夫に「接吻《キッス》」をする。明治の女性としては相当にハイカラである。

歌人の斎藤茂吉に「接吻」という随筆がある。大正時代に茂吉はドイツ、オーストリアに留学した。

ある日、ウィーンの町を散歩していると、並木道の歩道で男女が接吻しているのを見かける。人前でキスをする。見ている茂吉のほうがどぎまぎしてしまう。

それで、「僕」は、気を落ち着けるために、少し後戻りをして、木のかげに身をよせて、その接吻を眺めていたが、それが一時間あまりもつづいていたので、「長いなあ、実に長いなあ」と嘆息した。茂吉のカルチャーショックぶりがうかがえる。

邦画初のキスシーン

戦前の日本では「接吻」という言葉すら刺激的とされた。

菊池寛に『第二の接吻』という小説がある。大正十四年（一九二五）に「朝日新聞」に連載され、好評を博した。金持ちの令嬢とその従姉妹、そして青年の三角関係を描いている。

この小説は、ただちに映画化が決まった。大正十五年、阿部豊監督、岡田時彦、梅村蓉子主演。ところが「接吻」という言葉が、小説ではともかく、映画の場合は刺激が強すぎると検閲に引っかかり、やむなく題名を『京子と倭文子《しずこ》』という大人しいものに変えた。

最近リバイバル人気が出ている作家、獅子文六に『胡椒息子』という小説がある。昭和十二年（一九三七）から十三年にかけて「主婦之友」に連載された。

このなかに、良家のお嬢さん（加津美）が、雑誌の編集者である遊び人の青年に迫られる場面がある。はじめて男にキスをされた若い女性の狼狽ぶりがよく出ているので、少し長いが引用してみよう。

「加津美さんが、ふと気づいた時には、男の顔が、映画の大写しのように巨《おお》きく、眼の前に迫っていた。それを避ける暇もなく、生まれて始めて知る異性の唇を、熱く、強く感じた。……突然、彼女は体中が真ッ赤になるほど、羞《はず》かしくなって、脱兎《だっと》のように逃げ出した」

戦前の若い女性は純情である。はじめてのキスに恥ずかしがっている。キスをされた場所は、夕暮れ時の神宮外苑。人の姿は少ないとはいえ、路上での大胆なキスに彼女は驚いた。ちなみに獅子文六は「接吻」とも「キス」とも書いていない。刺激を避けたのだろう。

映画の題名に「接吻」と入っただけで大問題になる。当然、映画のなかでのキスシーンなど御法度《ごはっと》。

日本映画にキスシーンが登場するのは戦後になってから。よく知られているように、アメリカの占領時代（オキュパイド・ジャパン）、アメリカが日本映画にキスシーンがないのを不思議に思い、キスシーンのある映画を作るように強くすすめた。いわば民主化の一環だった。

それで作られたのが、昭和二十一年（一九四六）公開の松竹映画『はたちの青春』（佐々木康監督）。ボートの上で恋人たち、幾野道子と大坂志郎がキスをする。〝決死〟の覚悟で撮影に挑んだ幾野道子は、オキシフルをふくませたガーゼで唇をガードしたという。

終戦後の淡路島で子供たちが野球をすることで成長してゆく物語、阿久悠原作、篠田正浩監督の『瀬戸内少年野球団』（一九八四年）には、島の人たちが満員の映画館で『はたちの青春』を見る場面がある。

大人だけではなく子供たちも大騒ぎする。当時、いかにキスシーンが新鮮、かつ刺激的だったかがうかがえる。

戦後の〝キス映画〟で有名なのは、今井正監督の『また逢う日まで』（一九五〇年）だろう。戦時中の恋人たち、久我美子と岡田英次のガラス越しのキスシーンは大評判になった。

キスシーンが似合う俳優・森雅之

一般に日本の男優は時代劇の英雄豪傑を得意としたからラブシーンは苦手。そんななかでキスシーンが似合った男優といえば、暗い陰のある知性派、森雅之だろう。

メロドラマ『純白の夜』（大庭秀雄監督、一九五一年）で、森雅之が妖艶な人妻、木暮実千代と密会し、情熱的にキスをする場面はいまも語り草。キスの激しさに木暮がにぎった窓のカーテンが引き裂かれてしまう。

原田康子のベストセラー小説の映画化、五所平之助監督の『挽歌』（一九五七年）では、妻子ある建築家の森雅之が、自分に関心を持つ若い久我美子をある時、いきなり抱き寄せてキスをする。

いや、これは「キス」というよりは「唇を奪う」と言ったほうがいい。こんな強引なやり方がさまになるのは森雅之くらいしかいないだろう。唇を奪われた久我美子がうっとりしてしまうのは言うまでもない。

接吻の描写が印象的な小説がある。

林芙美子が戦後に書いた短篇『荒野の虹』（昭和二十三年）。主人公の龍男は復員兵。戦争に六年も行っていた。幸い生き延びて帰還したが、世の中はすっかり変わっていて生きる気力がない。自分を待っていた妻ともうまくゆかず離婚する。

そんな失意の龍男が思い出す、唯一の慰めは、南方の戦地で出会った兵隊慰問のレヴュー団にいた緋佐子という十八歳の踊子のこと。

ある時、二人は激しく「接吻」した。長い接吻のあと、緋佐子は言った。

「ああ、おいしかったわ……」

これほど愛らしく、切ない接吻もない。戦後、接吻の描写に制約がなくなったから生まれた表現だろう。

「アルバイト」は戦後から

昭和二十年代の流行語に

バイトに忙しかった井上ひさしの学生時代

学生のアルバイトがさかんになったのは、戦後の混乱期から。生活難が大学生を襲い、多くの学生が学費稼ぎ、生活費稼ぎのためにアルバイトをせざるを得なかった。

そのアルバイトもなかなかいいものがなくキャンデー売りや紙芝居までさまざまあった。

昭和九年（一九三四）生まれの作家、劇作家の井上ひさしは、山形県から東京に出て、上智大学の学生になった時、実にさまざまなアルバイトをしている。

学生時代を描いた小説『モッキンポット師の後始末』（昭和四十七年）によると、大学に入り、寮生活が始まった「ぼく」は、生活のために、大学の授業より、アルバイトのほうが忙しくなる。といってもいまと違って、アルバイトの口が多いわけではない。仕事を探すのにひと苦労する。

「ぼく」がまず、するのは、草野球の「臨時要員」。ある日、神宮外苑に散歩に出かけた軟式野球場でキャッチボールをするおじさんたちを眺めていた。そこにボールがころがってきた。ボールを拾い、おじさんに投げ返した。「ぼく」は中学と高校で野球をしていたので、すごい球を投げた。おじさんは驚いて言った。自分たちは寿司屋のチームだが、ピッチャーがまだ来ないで困っている。代わりに投げてくれないか。もちろん金は払う。

かくて草野球での「ぼく」のバイトが始まった。

「野球臨時要員業はうまく行った。思った通り重宝がられた。四月は三十八試合に出場、二万円以上稼いだ。学生服を新調した。靴底も張り替えた。五月は四十二試合に出場、商売道具のグラヴを買った。映画を十数本観た」

草野球のアルバイトとは面白い。もっとも梅雨に入ると、野球の試合が少なくなってしまうのだが。

そのあと「ぼく」は、浅草のストリップ劇場の文芸部員（実質は雑用係）、養鶏場のひよこのオス、メスの鑑別、倉庫番、清掃係など、さまざまなアルバイトを転々とする。ついには、学生たちと商売を始める。ある放送局の食堂でパンの耳を捨てているのに目をつけ、それを貰い受け、パン粉を作り、天ぷら屋やとんかつ屋に売る。アイデアである。もっともこれも配達が面倒になって挫折してしまうのだが。

昭和三十年代はじめの話である。「ぼく」は学業よりアルバイトに忙しかった。もしかしたら、大学の授業よりアルバイトのほうが楽しかったかもしれない。

流行語になった「アルバイト学生」

「アルバイト」という言葉は戦後に生まれて広まった。それまでは「内職」とか「学生の片手間仕事」と言った。

戦後、昭和二十年代になって「アルバイト」と言うようになった。

当時の京都の僧侶大学に通う学生と娼婦の純愛を描いた水上勉の『五番町夕霧楼』（昭和三十八年）には、アルバイトについてこんな説明がある。

「当時はアルバイト学生という言葉が流行したころである。官立大学の京大や、府立医大や、ミッションの同志社大学にさえも、京都駅へ出てアイスクリームを売ったりする者がいたほどだから、昔のように、苦学するといった語感からくる貧乏学生というかんじはなくて、誰もが闇米を買うために、かつぎ屋のようなことをしていた時でもある」

戦後の貧しい時代、学生が生活費を稼ぐために働く。それが普通のことになっている。「アルバイト」とカタカナ（ドイツ語）で呼ぶことで苦学生のイメージも薄まった。

昭和二十九年（一九五四）公開の映画、木下恵介監督の『女の園』では、東京で働きながら大学に通っている田村高廣が、自分のことを「アルバイト学生」と言っている。クリーニング屋の配達をしたり、石けん工場で働いたりしている。『サンダカン八番娼館　望郷』（熊井啓監督、一九七四年）の脚本で知られる脚本家の廣澤榮の回想記『わが青春の鎌倉アカデミア　戦後教育の一原点』（岩波書店、一九九六年）によれば、大正十三年生まれの廣澤は、兵隊に取られ、戦後、復員してから、鎌倉に設立された鎌倉アカデミアという学校に入学した。学業のかたわら、アルバイトに精を出した。「そのころ『学生アルバイト』ということばが流行り、みんなさまざまのバイトをやった」。ここでも、「アルバイト」が戦後になっての言葉だと分かる。

社会勉強でもあった学生のアルバイト

女性も「アルバイト」をする。

昭和四年生まれの向田邦子は、戦後、昭和二十二年に実践女子大に入学。長女として責任感が強く、なるべく親に経済的負担をかけないようにアルバイトに励んだ。アイスクリーム売りや、日本橋の髙島屋デパートでのレジ係などをした。

『五番町夕霧楼』にあるように、京大や同志社の学生が京都駅でアイスクリーム売りをしていた時代だから、東京の女子大生がアルバイトでしてもおかしくなかったのだろうが、回想記「学生アイス」（『父の詫び状』）によれば夏の暑いなか、相棒の男子学生とあちこちの家を回ってアイスクリームを売り歩くのは大変だったようだ。

中村登監督のホームドラマ『我が家は楽し』（一九五一年）では、長女の画学生、高峰秀子は家計が思わしくないのを知って、思い切ってアルバイトをする。

銀座での街頭似顔絵描き。見本の絵に、父親（笠智衆）、母親（山田五十鈴）、恋人（佐田啓二）の似顔絵を用意するのが微笑ましい。しかし、夜、酔払いにからまれ、閉口し、一日で挫折してしまう。お嬢さんには、アルバイトはつらかった。

向田邦子のアイスクリームも一ヶ月ほどで終わっている。これは仙台に赴任中の父親が、娘がアルバイトをしていると知り、怒ったためという。父親としては、娘がアルバイトをするというのは、父親の面子《めんつ》にかかわることだったのだろう。

それでも娘のほうは、さまざまなアルバイトを楽しんだようだ。社会を知るいい機会だし、収入もある。仕送りがあっても、本を買ったり、映画を見たりするには、やはりアルバイトが必要になると向田邦子は書いている。

「毎日が楽しくて仕方がなかった。ちょっとした気働きがそのまま収入につながる面白さは、月給取りの家に生れ育った身には初めての経験だった。今まで逢ったことのない人達との出合いも嬉しかった」

学生にとって、アルバイトはいわば社会勉強になった。

女学生のアルバイトで昭和三十年代、いちばん華やかだったのはデパートでのアルバイトだろう。

昭和三十一年(一九五六)の映画、美空ひばり、江利チエミ、雪村いづみの『ロマンス娘』(杉江敏男監督)では、女学生の三人娘が銀座の松坂屋でアルバイトをする。

美空ひばりと雪村いづみは玩具売り場。江利チエミは風呂桶売り場(当時のデパートでは風呂桶まで売っていた)で、客(飯田蝶子)に「ちょっと入ってみてくれ」と言われ、からの風呂桶に入るのが笑わせた。これも社会勉強だろう。

スキー・ブーム

ゲレンデに遊ぶ若者たち

急速に普及したスキー

〽山は白銀《しろがね》　朝日を浴びて
　すべるスキーの風切る速さ

ウィンター・スポーツの雄、スキーというとまずこの童謡「スキー」（時雨音羽作詞、平井康三郎作曲）を思い浮かべる。

子供の頃によく歌った歌なので戦後の歌かと思いきや、調べると、昭和十七年（一九四二）、戦時中に作られたというので驚く。

考えてみれば、日本で広くスキーが楽しまれるようになったのは昭和に入ってから。

スキーはまず明治になって日本に紹介された。

明治末に、オーストリアの軍人が新潟高田（現在の上越市）にあった歩兵連隊で教えた。これはストックが一本の方式だったという。

他方、やはり明治末に、スイスの教授が札幌の大学で学生に、ストック二本の方式を教えた。日本ではこちらが主流になっていった。

日本は北海道、東北、上信越と冬は雪が多い。そのためにスキーは急速に広まり、昭和に入って広く普及していった。

昭和六年（一九三一）には「スキーの唄」（島田芳文作詞、古賀政男作曲）が作られヒット曲になった。

〽胸にさらさら　粉雪小雪

若いスキーヤーの

若いこの胸　血は躍る

歌がヒットしたので、翌七年には同名の映画になっている。この頃からスキーが人気スポーツになっていることが分かる。

スキーの映画で早い例に、小津安二郎監督のサイレント映画『若き日』がある。昭和四年（一九二九）の作品。

早稲田大学の二人の学生（結城一朗、斎藤達雄）が、冬、新潟県赤倉のスキー場に出かけてゆく。ゲレンデに行くと、スキー部の連中が滑っている。この時代、大学にもうスキー部があるのには驚かされる。

ゲレンデにはさらに若い女性（松井潤子）も滑っている。二人の学生は、たちまちその美しい女性に目が行ってスキーどころではなくなってしまう。

『若き日』は現在、ＤＶＤになっていて、戦前昭和のスキー場の様子がうかがえる。

川端康成の『雪国』は、作中に舞台となる場所が明示されていないが、川端の随筆などから越後湯沢が舞台と分かっている。

主人公の島村は冬、ここの温泉宿を訪れる。まだ冬のはじめで雪は少ない。そこでこんな文章がある。

「スキイの季節前の温泉宿は最も客の少い時」

ということはスキーの季節になると客が多くなる。宿では季節を前に物置から客用のスキーを出してきて干し並べている。宿の近くの田園では村の子供たちがスキー客より早くスキーに「乗って」いる。カフェーには「スキイ季節を目指して早くも流れこんで来た女給」がいる。

『雪国』は昭和十二年（一九三七）の作品。二・二六事件があった翌年。そんな、次第にきな臭くなっている時代だが、雪国ではにぎやかにスキーの季節を迎えようとしている。

上野から向かうスキー列車

『ノンちゃん雲に乗る』で知られる作家・翻訳家の石井桃子(一九〇七-二〇〇八)は若い頃、スキー好きだった。

尾崎真理子の『ひみつの王国　評伝石井桃子』(新潮社、平成二十六年)によると、戦前、編集者をしていた頃の若き石井桃子は、同世代の知的青年たちと「シー・ヨードラー」というグループを作っていたという。昭和十年代のこと。

「シー(schi)」はドイツ語でスキー。「ヨードラー(jordler)」はヨーデルを歌う人。このグループは、春はピクニック、夏は海や山、そして冬はスキーを楽しんだ。

グループの創立メンバーには旧制東京高等学校の都会育ちの青年たちがいた。この学校は新潟県の妙高高原の池の平スキー場に寮があり、そこでスキーを楽しんだという。

石井桃子の自伝的長篇小説『幻の朱い実』(岩波書店、一九九四年)には、当時のスキー好きを評する「スキー・マニア」という言葉も出てくる。次第に世の中が戦争へと向かってゆく昭和十年代に、まだスキーを楽しむ青年がいたとは。

『幻の朱い実』には、主人公の明子が、その「スキー・マニア」たちが、冬、上野駅からスキー場に向かうのを見送る様子が描かれている。それが、現在のラッシュアワーのような混雑。

「汽車がはいってくると、声を嗄《から》した駅員の制止もものかは、入口に突進するための、想像を絶する猛烈な肉体と肉体とのぶつかりあい。はじかれた豆のように車内にとびこんだものは、仲間の席を確保するため車内をとびまわり、スキーやリュックは窓から放りこまれた」

戦前にこんなスキー・ラッシュがあったとは驚かざるを得ない。昭和十七年に〽すべるスキーの風切る速さ……と「スキー」が作られるのも、こうしたスキー・ブームの余韻があったからだろう。

スキー・ブームの立役者、トニー・ザイラー

戦争があって、スキー・ブームも中断したあと再び、スキーが脚光を浴びるのは、戦後の混乱が終わって、ようやく世の中が落ち着きを見せた昭和三十年（一九五五）に入ってからだろう。

戦後のスキー・ブームをよくあらわしている映画に、昭和三十二年（一九五七）に公開された『三十六人の乗客』がある。有馬頼義原作、杉江敏男監督。

三十六人を乗せた遠距離バスのなかに、一人、強盗殺人犯が乗り込んだ。それが誰かは分からない。若い刑事（小泉博）がバスに同乗し、乗客のなかにいる犯人を探る。

サスペンス映画だが、面白いのは、このバスが、東京を夜に出発し、翌朝、草津のスキ

ー場に着くスキー・バスになっていること、乗客の大半はスキー客。

戦後の混乱期が終わり、昭和三十年代になって世の中が落ち着いてきている。戦前のような「スキー・マニア」がまた増えてきた。その結果、東京からスキー場へ向かう深夜バス、スキー・バスが運行されるようになった。当時のスキー人気を反映している。

昭和三十四年（一九五九）には時ならぬスキー・ブームが起きた。立役者となったのはオーストリアのスキー選手、トニー・ザイラー。年輩の方は御記憶だろう。一九五六年の冬季オリンピックで史上初のアルペン三冠王に輝き一躍スターになった。甘いマスクだったため映画界に誘われ、ドイツ映画『黒い稲妻』（一九五八年）に主演（「黒い稲妻」はいつも黒の服を着ていた彼の愛称）、日本でも大人気になった。

昭和三十四年には、松竹映画『銀嶺の王者』で鰐淵晴子と共演するため来日。一大ブームを巻き起こした。私などの世代では、スキーと言えばトニー・ザイラーだった。

いまウィンター・スポーツもスノー・ボード、カーリング、フィギュア・スケートと多様化した。スキーが雄とは言えなくなったかもしれない。

恋人たちの喫茶店

「シネマ見ましょか　お茶のみましょか」

喫茶店は町の応接間

町の小さな喫茶店が輝いていた時代があった。

恋人たちの待ち合わせ、学生たちのお喋り、会社員たちの息抜き、あるいは仕事の打ち合わせ。

広い家に住むことが難しい都市生活者にとっては、喫茶店は客間や居間、書斎の役割を果たし、そこから西洋のカフェとはまた少し違った独特の喫茶店文化が生まれていった。

小津安二郎監督の『麦秋』（一九五一年）では、丸の内のオフィスでタイピストとして働く原節子がよく喫茶店を利用している。

友人の結婚式に出た帰り、友人の淡島千景らと銀座あたりの喫茶店に入り、結婚談義に花を咲かせる。若い女性たちにとって喫茶店は町の応接間になっている。

また別の場面では、原節子は戦争で死んだ兄の親友の二本柳寛と、御茶の水のニコライ堂が見える喫茶店に入る。コーヒーを飲みながら、二本柳寛は「お兄さんとここによく来た、店は昔と少しも変わっていない」と学生時代の思い出を語る。戦前、学生たちにとってすでに喫茶店がたまり場だったことが分かる。まさに学生街の喫茶店。

流行歌にも歌われた恋人たちの喫茶店

昭和四年（一九二九）に大ヒットした歌「東京行進曲」（西條八十作詞、中山晋平作曲）の四番は、新宿を歌って「シネマ見ましょか　お茶のみましょか」とある。新宿の映画館で映画を見ようか、それとも喫茶店に入ろうか、恋人たちが話し合っている。昭和のはじめにもう東京の町に喫茶店が溶け込んでいる。

大正三年（一九一四）銀座生まれの国文学者、池田彌三郎の回想記『わが町銀座』（サンケイ出版、昭和五十三年）によると「お茶でものみましょう」は、昭和初年くらいから流行《はや》った言葉で、「ちょっと喫茶店に入って休んで行こうか」といった意味で使われたという。

喫茶店のはじまりは諸説あるが一般には、明治四十四年（一九一一）に銀座に出来た、カフェープランタンとカフェーパウリスタが最初といわれている。

当時は作家や画家たちの行くところだったが、関東大震災後、東京がモダン都市として再生してゆくなかで、都市生活者には欠かせない場所になっていった。

『東京百年史』(東京都、ぎょうせい、昭和四十八年)によると、「東京行進曲」がヒットした昭和四年の東京市内の喫茶店の数は千五百余軒。それが毎年のように増え続け、太平洋戦争が始まったあとの昭和十七年には三千五百余軒と戦前の最高を記録する。

昭和十年(一九三五)には「小さな喫茶店」(エルンスト・ノイバッハ作詞、瀬沼喜久雄訳、フレッド・レイモンド作曲)という、恋人たちが喫茶店に入る姿を歌った歌がヒットする。

〽お茶とお菓子を前にして　ひとことも喋らぬ……、というういしい恋人たち。二人きりでしゃれた喫茶店に入るのは恋人たちにとって相当の勇気がいったようだ。

それでも昭和十一年に藤山一郎が歌ってヒットした「東京ラプソディ」(門田ゆたか作詞、古賀政男作曲)の恋人たちになると、もう銀座の喫茶店を使いこなしている。

〽花咲き　花散る宵も　銀座の柳の下で　待つは君ひとり　君ひとり　逢えば行く喫茶店《ティールーム》……と恋人たちはいつも喫茶店を利用していることが分かる。

喫茶店がモダン都市のなかで重要な役割を果たすようになっている。戦前のメロドラマの傑作、岸田國士原作、吉村公三郎監督の『暖流』(一九三九年)では、小学校時代の同級生、高峰三枝子と水戸光子が、『麦秋』と同じようにニコライ堂の見える喫茶店で久しぶりに会って友情を確かめ合う。

ニコライ堂が見え、鐘の音も聞こえてくる喫茶店は、当時の若い世代にとっては外国のように感じられたのだろう。

もっとも、この時代、十代の少女たちにとって喫茶店は、大人や恋人たちの行くところとして少し敷居が高かったようだ。一方で学校の先生たちは、喫茶店を不良のたまり場と考えたりもした。

大正十年（一九二一）年生まれの水村節子の回想的小説『高台にある家』（角川春樹事務所、平成十二年）には、昭和八年（一九三三）頃、大阪の女学生だった「私」が、大阪の町のいたるところにあった喫茶店の魅力に惹かれ、友人たちと何度も通ううちに先生に見つかって叱責された思い出が書かれている。

喫茶店は不良のゆくところ。そういう偏見は戦後も残っている。

小津安二郎監督の『東京暮色』（一九五七年）では二十歳を過ぎた若い女性、有馬稲子が恋人（田浦正巳）を深夜喫茶で待っていると、刑事（宮口精二）に補導されてしまう場面がある。こうなると喫茶店にも気楽に入れない。

文学青年も恋人たちも通った名曲喫茶

昔はレコードもプレーヤー（昔の言葉でいえば電蓄＝電気蓄音機）も値段が高かった。

そこで登場したのが主としてクラシックのレコードを聴かせてくれる名曲喫茶。すでに戦前からあった。

大正三年、東京の下町生まれの作家、久鬼高治の青春回想小説『雨季茫茫』（朝日書林、平成五年）には、昭和のはじめ、亀戸にあったクラシックのレコードを聴かせる喫茶店に、文学青年たちが集まる場面がある。ベートーヴェンを聴きながら文学談義をする。昭和十年頃の話。この時代からもう名曲喫茶があったか。

確かに前述したように昭和十六年（一九四一）の松竹映画、大庭秀雄監督の『花は偽らず』を見ると、若い学者、佐分利信が、本郷あたりの喫茶店に入ると、電蓄からモーツァルトの「アイネ・クライネ・ナハトムジーク」が流れてくる場面がある。

昭和十年代にはこういう名曲喫茶が流行したという。

喫茶店が輝いていた時代、小さな喫茶店を持つのが夢だった若い世代がいた。黒澤明監督の『素晴らしき日曜日』（一九四七年）。貧しい恋人たち、沼崎勲と中北千枝子が焼け跡で語り合う将来の夢は、おいしいコーヒーとケーキを出し、そして蓄音機のある喫茶店を持つこと。喫茶店は平和の象徴でもあった。

歌声喫茶の時代

理想と自由を胸に明日へ

アコーディオン伴奏で歌われたロシア民謡や労働の歌

まだカラオケもライブハウスもなかった昭和三十年代、若い世代に人気があったのが歌声喫茶。

アコーディオンの伴奏に合わせてロシア民謡や労働歌、山の歌や童謡などを歌う。労働者や若者たちが、共に歌うことでいっときの連帯感を作りだす。若い男女の出会いの場所として貴重でもあった。当時さかんだったデモの熱気もあった。

「歌声喫茶」と呼ばれたが、酒も出したので「歌声酒場」とも言った。

昭和三十年代の青春を描いた遠藤周作の『わたしが・棄てた・女』（文藝春秋、昭和三十九年）では、主人公の「ぼく」が「歌声酒場」のことをこう語っている。

「今はもうさびれかけてきたが、その頃、ぼくら学生のよく行く歌ごえ酒場というやつがあった」「あやしげなルパシカをきた男が酒やコップを運ぶひまに膝に手風琴《アコーディオン》をのせてロシヤ民謡をかなでる」

「ルパシカ」は当時流行したロシアの民族衣裳。長い上着でベルトで締める。芸術家、とりわけ画家が好んで着た。歌声喫茶のボーイもよくこれを着ていた。

『わたしが・棄てた・女』は昭和四十四年（一九六九）に浦山桐郎監督によって映画化（題名は『私が棄てた女』）されたが、映画のなかに歌声喫茶が出てくる。

主人公の早稲田大学の学生（河原崎長一郎）が、雑誌の文通欄（これもいまとなっては懐かしい）で知り合った女の子（小林トシエ）と渋谷のハチ公前で待ち合わせ、近くの歌声喫茶に行く。

店内は学生がいっぱい。当時のことだからみんな学生服を着ている。若い女性も多い。そしてボーイは、ルパシカを着ている。

アコーディオンの演奏で学生たちが歌っているのはロシア民謡の「一週間」。

〽日曜日に市場へ出かけ……

あの頃、歌声喫茶では本当によくロシア民謡が歌われた。ソ連が「労働者の国」として夢のように語られていた時代だったからだろう。

三島由紀夫が「健康な享楽場」と記した歌声酒場の熱気

昭和二十三年（一九四八）に関鑑子《あき》によって労働者や学生、市民が歌によって連帯しようとする「うたごえ運動」が始められた。それまでの歌謡曲とは違うロシア民謡や労働歌が好んで歌われるようになった。

「うたごえ運動」で人気が出た歌を歌う場所として歌声喫茶が生まれていった。東京では新宿の「どん底」と「灯《ともしび》」が知られた。

昭和三十一年（一九五六）の日活の青春映画、岩橋邦枝原作、古川卓巳監督の『逆光線』では、東京の女子大生、北原三枝が友人たちと歌声喫茶に行き、「若者よ」を歌う。

〽若者よ　体を鍛えておけ

と歌っているうちに感激して目に涙を浮かべる。歌いながら手を握り合っている男女もいる。当時の歌声喫茶の熱気が感じられる。

この場面は、新宿三丁目の「どん底」で撮影されている。「どん底」は昭和二十六年（一九五一）に開店し、人気店になった。昭和二十九年のメーデーの時には、超満員になり、店内の客と店に入りきれず外にいた客が一緒になり大合唱が起き、大いに盛り上がったという。

いま手元に「どん底」の歌集があるが、ロシア民謡をはじめ、労働歌、童謡、シャンソンなど約三百五十曲収録されている（一九六一年）。

〽しあわせはおいらの願い……と歌われた「しあわせの歌」や、小林旭が歌った「北帰行」などは、歌声喫茶でよく歌われた。

「どん底」には、昭和三十二年（一九五七）に三島由紀夫が訪れ、「朝日新聞」に訪問記を書いている。

「酒場Dでは、D歌集というのを売っていて、ある歌を一人が歌い出すと、期せずして若人の大合唱になる」。また三島は焼鳥キャバレーなる店へも行き、「喚声と音楽が一しょになって、なまなましいエネルギーが、一種のハーモニイを作り上げる。何ともいえぬハリ切った健康な享楽場である」

労働運動など嫌った作家が歌声喫茶を訪れ、そこを「健康な享楽場」と誉めているのは意外な気がするが、冷静な作家も若い熱気に巻き込まれたのだろう。

「ワビだのサビだのといっていた日本人が、集団的な享楽の仕方を学び、とにもかくにも一夕の歓楽の渦巻を作りうるようになった」のはいいことだとも書いている。歌声喫茶は、戯曲も書いた三島由紀夫には演劇的空間に見えたのだろう。

心のつながりを求める若者を一つにする歌声

歌声喫茶を描いた映画は多い。

昭和三十三年（一九五八）の東宝のサラリーマン映画、源氏鶏太原作、筧正典監督の『重役の椅子』では、若い団令子が新宿の歌声喫茶で働いている。

店内には小さなステージがあって、そこにアコーディオン弾きがいる。客からのリクエストで弾き始めると、すぐに大合唱になる。

この場面で歌われているのは、歌声喫茶の定番だった人気曲のひとつ、スイス民謡「おおブレネリ」。

〽おおブレネリ　あなたのお家はどこ……

懐かしい！

北海道にもあった。

原田康子原作、五所平之助監督の『挽歌』（一九五七年）では、主人公の久我美子が、釧路の町の芸術青年たちが集まる酒場に行くと、アコーディオンに合わせて若い女性たちがロシア民謡「ともしび」を歌っている。

〽夜霧のかなたへ、別れを告げ　雄々《おお》しきますらお　出《い》でてゆく……

この曲も懐かしい。女性たちによく歌われた。

曽野綾子原作、中村登監督の『ぜったい多数』（一九六五年）では、主人公の桑野みゆきが渋谷の歌声喫茶で働くようになる。

学生たちが、〽いつかある日　山で死んだら……と山男の歌「いつかある日」を合唱している。それを見ながら「みんなと一緒に歌うのって素敵だわ」と感激する。

いっぽうアルバイトのボーイ、田村正和は歌声喫茶の魅力、人気の原因をこう分析してみせる。

「ここに来る人は都会生活のなかで淋しいから、心のつながりを求めてやって来る」

手元の「どん底」の歌集は十周年記念のものだが、この店を愛する俳優たちがコメントを寄せている。

小林旭、菅原謙次、冨士眞奈美、牟田《むた》悌三、さらに歌手の越路吹雪ら錚々《そうそう》たる顔ぶれ。俳優の牟田悌三はこんなことを書いている。

「ちいっとばかし薄汚いとこだけど、あたしゃ好きだね、ここ。可愛い女の子は、辞書とドンカクを前にして歌をうたい、白髪のおとっつぁんは隣のおじさんと論争の真最中」

歌声喫茶の雑然とした魅力がよく語られている。ちなみに「ドンカク」とは「どん底」で出されるカクテルのこと。詩人の金子光晴が詩に詠っている。

こんな歌声喫茶もやがてビートルズ世代が登場し、ギターを弾く若者が増えると次第に数が少なくなっていった。カラオケは現代版歌声喫茶と言えようか。

Ⅳ　おしゃれ

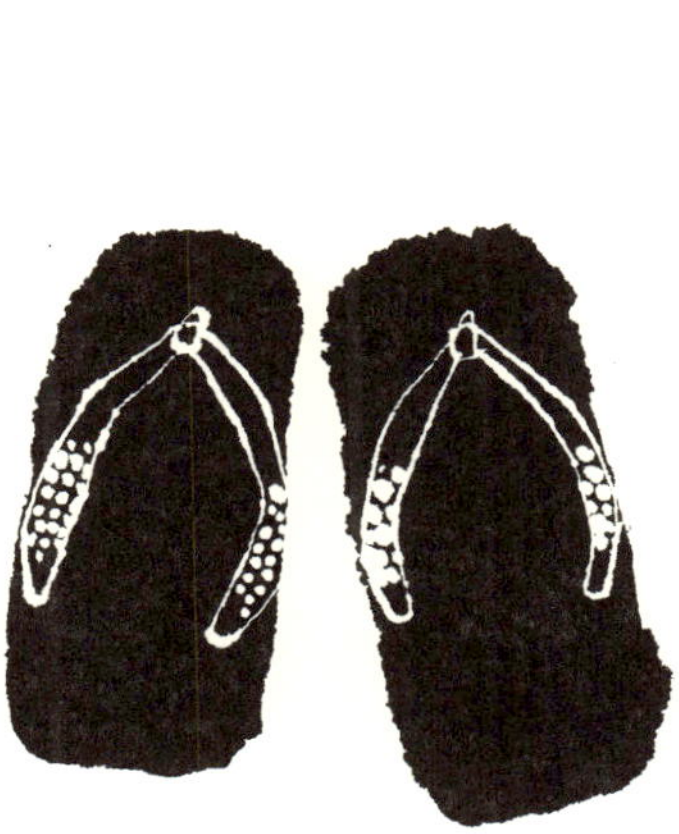

ステッキ

大人の男のたしなみ

小津映画の大人の男たち

いまはもう老人のほかはほとんど見ることがなくなってしまったが、昔の大人の男は、外出する時に好んでステッキを持った。

小津安二郎の映画にはよくステッキを持った大人の男が描かれる。

昭和二十四年（一九四九）の『晩春』では、父親の笠智衆が娘の原節子と東京の町を歩く時、三つ揃いの背広でソフト帽をかぶり、そしてステッキを持っている。

昭和二十六年の『麦秋』では、鎌倉に住む老植物学者の菅井一郎が、妻の東山千栄子と二人で東京の上野あたりに出かける時にステッキを持っている。

昭和三十年代に入ってもまだステッキは愛用されている。昭和三十三年（一九五八）の

『彼岸花』では、丸の内の会社の要職にある佐分利信が、箱根へ家族旅行に出かけ、妻の田中絹代と芦ノ湖畔を散策する時にステッキを携えている。

この時代、大人の男、とりわけ年齢がゆき、相当な地位に就き、貫禄が出てくるとステッキを持った。いわば男のたしなみである。

一介の会社員だとまだステッキは似合わないが、それでも、特別の時にはステッキを取り出す。

林芙美子の昭和二十五年の長篇小説『茶色の眼』では、主人公の会社員、中川十一氏が妻に隠れて、日曜日に、ひそかに想いを寄せる未亡人と上野の美術館に出かける時に、珍しくステッキを持つ。いつもはカバンを持つ手にステッキがある。

「何も持たないよりいい」ということだが、ひそかな逢いびきに、少しでも見栄《みば》えをよくしたいという思いがあるのだろう。

散歩にステッキは明治に始まった習慣

ステッキは明治になって西洋からもたらされた。漢字では「洋杖」と書く。

夏目漱石は洋杖《ステッキ》を愛した。その作品にはしばしば洋杖が登場する。『行人』（大正三年）の大学教授、長野一郎、『こころ』（大正三年）の先生、『明暗』（大正六年）の津田由雄、みんな洋杖を愛用している。

『彼岸過迄』（明治四十五年）の田川敬太郎が持つ、友人から譲り受けた、竹の根で作られ、蛇の頭のつい洋杖は、漱石の読者にはとくによく知られている。

友人は、自分で竹を切って、蛇の頭を彫ったのだという。

ステッキが明治になって西洋からもたらされ、日本人にも広く愛用されるようになった一因は、明治九年（一八七六）の廃刀令によって元の侍たちがそれまでのように刀を持てなくなり、腰が寂しくなったのを補うため、という、うがった見方がある。

しかし、いちばん大きな要因は、明治になって散歩という習慣がやはり西洋からもたらされ、散歩のお伴として愛用されるようになったことだろう。

風雅が香る文士のステッキ

昭和になって、ステッキは文士のあいだに大流行した。

昭和の作家、永井龍男の随筆集『わが切抜帖より　雑文集』（講談社、昭和四十三年）に「ステッキと文士」という一篇がある。

それによると、昭和のはじめ、銀座を散歩する文士はたいていステッキを持ったという。

「ステッキをたずさえない文士は一流でも一人前でもなかった。当の小説家たちも、そのスタイルに一種超俗の誇りを示したといってよかろう」

井伏鱒二の随筆『風貌・姿勢』（講談社、昭和四十二年）によると、昭和の文人たちは、ステッキを友人に贈ることをよくしていたという。

堀辰雄は室生犀星から籐のステッキをもらった。小林秀雄は志賀直哉からもらった。井伏鱒二自身は今日出海《ひでみ》からもらった籐のステッキを愛用していた。

井伏鱒二はまた自分でステッキを作った。

井伏を師と仰ぐ作家、小沼丹《おぬまたん》の『清水町先生　井伏鱒二氏のこと』(筑摩書房、平成四年)には、ある時、小沼が、師の荻窪の家を訪ねたら、師が縁側に庭から切ってきた竹を何本も並べて、小刀でステッキを作っていた。その一本をもらったという。自分でステッキを作る。文士の風雅だろう。

東京、調布市に武者小路実篤記念館がある。

この白樺派の作家は、七十歳になって「水のあるところに住みたい」と、昭和三十年(一九五五)に野川の近くに家を建て、昭和五十一年(一九七六)に九十歳で亡くなるまで暮した。その住まいが記念館になっている。

館の展示物のなかにステッキがある。友人の志賀直哉が、自分で作り、贈ったものだという。ここにも文士の風雅がある。

荷風のこうもり傘

ステッキを愛用した最後の文士といえば石川淳だろうか。

夫人の活《いく》が書いた『晴のち曇、所により大雨――回想の石川淳』（筑摩書房、平成五年）によれば、石川淳は七十歳の頃に、「俺もそろそろステッキを持つかな」といい、その日のうちに丸善で籐のステッキを買い求めてきた。以来、外出の時は、ステッキを持つようになったという。

なるほど晩年の石川淳の写真を見ると、ソフト帽にステッキで決めている。

そのうち、奥さんのステッキに目をつけた。胡椒の木で作った珍しいものでイタリア製だった。「これはいい」と気に入り、奥さんのものを取ってしまった。

昭和六十二年（一九八七）に石川淳が亡くなった時、活夫人はそのステッキを棺におさめたという。

明治から昭和に生きた永井荷風が、こうもり傘を愛用したことはよく知られている。外出する時は、いつもこうもり傘を手にした。

晩年は特に、町歩きにこうもり傘は欠かせなかった。この傘はいまもソフト帽や買物籠などの遺品とともに大事に残されている。

荷風にとって、こうもり傘はステッキの代わりだったのだろう。

鼻緒のすげかえ

町を下駄で歩いた頃

荷風と林芙美子の下駄

散歩随筆の嚆矢《こうし》とされる永井荷風『日和下駄《ひよりげた》』（大正四年）の冒頭にこうある。

「人並はずれて丈《せい》が高い上にわたしはいつも日和下駄をはき蝙蝠傘《こうもりがさ》を持って歩く」

『日和下駄』には、着物姿で「蝙蝠傘」（洋傘のこと）を持ち、「日和下駄」（歯の低い下駄）を履いている自身の絵が入っている。荷風は明治から大正にかけての東京の町を下駄を履いて歩いていたことが分かる。

『放浪記』（昭和五年）で知られる林芙美子は、昭和六年（一九三一）にパリに出かけ、約半年間滞在したが、パリの町をしばしば着物で下駄を履いて歩いた。

「下駄で歩いた巴里」という随筆（昭和七年）で書いている。

「買物に行くのに、塗下駄《ぬりげた》でポクポク歩きますので、皆もう私を知っていてくれます」

身長百五十センチもない小さな日本人の女性が着物に下駄でパリを歩く。庶民的な店で買物をする。カフェに入る。さぞ目立って、町の人々に親しまれただろう。カフェの主人は一度で彼女を覚えてしまい、二度目のときは「ボンジュウル、マドモアゼル」と愛想よく声を掛けてくれる。「何となく落着いて嬉しい気持なり」。いつもの下駄でパリの町になじんでいる。

下駄の似合う女の子

昭和十年（一九三五）生まれの作家、演出家の久世光彦は「下駄」という小文（『昭和恋々あのころ、こんな暮らしがあった』清流出版、一九九八年）で少年時代を思い出している。

「私が中学へ入ったのは、昭和二十三年、新しい憲法が公布された翌年だった。生徒の半分ぐらいは、男の子も女の子も、下駄で学校へ通っていた」

昭和二十年代はじめの子供たちも下駄を履いていたか。

昭和二十五年（一九五〇）に公開された石坂洋次郎原作、成瀬巳喜男監督の牧歌的な田園喜劇『石中先生行状記』の第二話に、下駄の似合う女の子が出てくる。

若山セツ子演じるその女の子は青森県弘前近在の農家の娘。夏の一日、町の病院に入院している姉（中北千枝子）を見舞いに行く。

もんぺにブラウス、日傘、そして下駄。首には手拭いを巻き、背中には姉へのみやげを入れたリュックサックを負っている。いかにも純朴な田舎の女の子。可愛らしい。

彼女は町の入り口の橋の上で立ちどまる。休憩でもするのかと思うと違う。リュックサックのなかから新しい下駄を取り出して履きかえる。町には精一杯、おしゃれして行きたい、その乙女心が新しい下駄にあらわれている。

高峰秀子の子役時代の映画にも似たような愛らしい場面がある。

昭和十六年（一九四一）に公開された井伏鱒二原作、成瀬巳喜男監督の『秀子の車掌さん』。当時、十七歳の高峰秀子が演じるのは、甲州の田舎町を走る小さなバスの車掌。田舎のバスなのでのんびりしている。客は少ない。そこで、畑のなかの一本道で運転手（藤原釜足。当時の芸名は藤原鶏太）に、「ちょっと、とまって。ここで待っていて」といって道脇の自分の家に入ってゆく。そして、ボロになってしまった靴を新しい下駄に履きかえてバスに戻ってゆく。新しい下駄で気分一新して発車オーライ。

成瀬巳喜男映画の下駄

庶民の暮しを愛した成瀬巳喜男監督の映画には、よく下駄が出てくる。

昭和二十八年（一九五三）の庶民劇、室生犀星原作『あにいもうと』には珍しい下駄が出てくる。

町に出て看護婦になる勉強をしている次女の久我美子が、夏の一日、多摩川べりで茶店を開いている実家に帰ってくる。母親（浦辺粂子）に手みやげを渡す。母親はなんだろうと包みを開ける。出てきたのは竹を張った下駄、竹張り。母親がうれしそうにいう。

「夏はこれに限るよ」

竹を張っているから夏は涼しいのだろう。母親のみやげにした。近年はほとんど見なくなった。

この映画には町で下駄を売り歩いている行商人も出てくる。まだ下駄が日常の暮しに溶けこんでいたことが分かる。

やはり成瀬巳喜男監督の戦前の作品、昭和十年（一九三五）の名作『妻よ薔薇のやうに』にも下駄が出てくる。

伊藤智子演じる歌人が、どんな時に歌を作ろうと思うかと聞かれ、こんな答えをする。さきほど町で若い夫婦が小さな女の子を連れて歩いているのを見かけた。女の子がころんで下駄の赤い鼻緒を切ってしまった。

すると、母親が自分のハンカチを裂いて子供の鼻緒をすげかえた。そのあいだ父親が子供を抱いていた。

スクリーンにその姿が映し出される。歌人は言う。「なんて美しい光景でしょう」「幸福というものを見た思いがしました」「こんな時に歌を作りたくなるの」

鼻緒のすげかえが心を結ぶ

下駄の欠点は鼻緒がよく切れること。しかし、切れた鼻緒のすげかえをする姿が情感を生み出す。

映画のなかでもっとも有名な下駄の鼻緒のすげかえの場面は、黒澤明監督のデビュー作『姿三四郎』（一九四三年）だろう。

雨の降る日、藤田進演じる三四郎が番傘をさして神社の石段をのぼってゆく。するとカランコロンと下駄が落ちてくる。

それを拾い上げて上を見ると、轟夕起子演じる小夜が、蛇の目傘のなか、途方に暮れて片足で立っている。三四郎は早速、腰の手拭を裂くと（昔の青年はよく手拭を腰にぶらさげていた）、小夜の鼻緒をすげてやる。

この時、手拭をたたんで石段の上に敷き、小夜にその上に足を置くようにという心づかいも忘れない。二人がそのあと愛し合うようになるのはいうまでもない。

昭和三十三年（一九五八）の映画、松本清張原作、野村芳太郎監督の傑作『張込み』にも印象的な鼻緒のすげかえの場面がある。

東京から二人の刑事（宮口精二、大木実）が殺人犯（田村高廣）を追って九州の佐賀市にやって来る。犯人が昔の恋人のところに現われるのを待つ。高峰秀子演じるその恋人は、いまは銀行員の後妻になって平凡な暮しをしている。

夏のある日、夕立ちが降る。彼女は夫に傘と長靴を持ってゆく。若い刑事の大木実が尾行する。途中、彼女の下駄の鼻緒が切れる。仕方なく彼女は軒先で雨宿りしながらひとりで鼻緒をすげかえる。その姿を刑事が遠くから見つめる。

白いブラウスにスカート、そして下駄という平凡な主婦の高峰秀子がこの瞬間美しく輝いて、また色っぽく見える。

下駄が日常の履き物だった時代ならではの名場面だろう。

渥美清演じるテキ屋の寅さんも旅に出て下駄を売る。こんな口上を述べながら。

「足の親指と人差し指のあいだにはつぼがあります。鼻緒はここを刺激する。だから下駄は健康にいいんです」

昭和五十四年（一九七九）公開のシリーズ第二十四作『男はつらいよ　寅次郎春の夢』（香川京子主演）の一場面。この時代でもまだまだ下駄は売れたようだ。

紳士服はオーダーメイド

社会に出る大切な儀式

テーラーで背広を仕立てる

既製服全盛の時代になってしまったが、昭和三十年代くらいまでは、たいていの町には男性用の「テーラー」「洋服店」があり、そこで服を仕立ててもらうのが普通だった。紳士服はオーダーメイドの時代だった。

値段が張るからそういつも作れるわけではない。学校を卒業して社会人になった時のような特別な時にあつらえる。それを大事に着る。いわば一生ものだった。

小津安二郎監督の昭和三十一年（一九五六）の作品『早春』では池部良演じる主人公は丸ビルのなかにある耐火煉瓦会社に勤めるサラリーマン。ある時、同僚（増田順二）が病気になり、家に見舞いに行く。

同僚は寝ながら、元気だった日々を思い出し、丸ビルでの会社員生活を懐かしむ。

「秋田県の中学生だった時、修学旅行で東京に出て来て、はじめて丸ビルを見た時のことは忘れられない。夕方、灯りがともってまるで外国のようだった。丸ビルは憧れだった。そこの会社に就職が決まった時は本当にうれしかった」

そのあと彼は、こう続ける。

「うれしくてすぐに神田に洋服を作りにいった」

憧れの丸ビルのなかにある会社に就職が決まる。晴れがましい気持で、まずすることは社会人の証しである洋服を作ることだった。「テーラー」が大事にされていた時代だったことが分かる。

小津安二郎監督の昭和四年（一九二九）の作品（サイレント）『大学は出たけれど』は、昭和の不況時代、大学生の就職難を描き、題名は流行語にもなった。

この映画、現在、フィルムがわずかしか残されておらず、資料で見るしかないのだが、冒頭、こんな場面で始まっている。

大学を卒業し、就職活動を始めようとする青年（高田稔）は、いまふうにいえば、会社訪問をすることになる。

そこでまずすることは――、下宿の部屋に洋服屋に来てもらい、寸法を測ってもらう。

就職活動に備え、背広を新調することにしている。昭和のはじめ、大学を卒業し、社会に出ようとする者にとっては、注文服を作ることは大事な儀式だった。

戦時中、洋服店は苦境に

洋服はいうまでもなく明治の文明開化の時代に始まった。横浜の居留地に住むイギリス人が「テーラー」を始め、そこで修業した職人たちがやがて自分の「洋服店」を持つようになった。

男性のあいだでまず普及していった。とくに大正十二年（一九二三）の関東大震災のあと、活動的な洋服の需要が増えた。考現学（社会観察学）で知られる今和次郎は、震災後の大正十四年に銀座を歩く人間の服装を調査した。

男性　和服33％　洋服67％
女性　和服99％　洋服1％

男性は三分の二が洋服になっている。対して女性は極端に低い。個人的なことになるが、私の小学生時代（昭和二十年代）の小学校の遠足の集合写真を見ると付添いの母親は大半がまだ和服。明治生まれ、大正生まれの母親が多かったからだろう。

昭和五年（一九三〇）神戸生まれの美術家、妹尾河童の自伝的小説『少年H』（講談社、平成九年）では、少年の父親は、戦前、神戸の鷹取駅の近くで「高級紳士服仕立　妹尾洋服店」を営んでいる。

父親は十五歳の時に、広島の農村から神戸に出てきて、洋服店で修業した。郷里を出た大正七年当時は、都市部でもほとんどの人がまだ着物に下駄だった。そんな時代に十五歳の少年は「いまに必ず日本中の人が、みんな洋服を着る時代になる」と思い、神戸に出て洋服店で修業した。先見の明がある。

ちなみに神戸は幕末に西洋への窓口として開かれた港町だったからハイカラで、洋服発祥の地とされている。

修業の甲斐あって少年Hの父親は独立して自分の店を持つ。神戸は外国人が多いから顧客も増え店は順調に営まれてゆく。

しかし、軍国主義の時代になると、「洋服店」は苦境に陥る。昭和十五年（一九四〇）に「大日本帝国国民服令」という法律が出来、日本人は西洋の真似をした洋服を廃し、「国民服」と呼ばれるカーキ色の軍服のような服を着ることが奨励される。その結果、少年の父親は、店を閉じざるを得ない。戦争の時代の悲劇である。

神戸が空襲に遭った時、少年は父親が大事にしていたミシンをなんとか助け出す。焼けこげてしまったが、父親は戦後、そのミシンを修理し、再び「テーラー」を始める。平和は、洋服の復活と共にある。女性服の世界では、戦後、空前の「洋服ブーム」が来る。自分の服は自分で作る。いまの既製服の時代とは正反対の自前の時代である。

注文仕立ての服は一生もの

戦後もオーダーメイドの時代は続いてゆく。

昭和二十年（一九四五）、北九州の八幡市（現在の北九州市）に生まれた作家、村田喜代子の自伝的小説『八幡炎炎記』（平凡社、二〇一五年）には、腕のいい仕立職人が出てくる。十六歳の時に洋服店に入り、修業する。戦時中、親方の奥さんと関係し、二人で駆け落ち、八幡の町で「テーラー」を開く。

八幡は戦時中、東洋一と言われた日本製鐵八幡製鐵所があり、また隣りの小倉には陸軍造兵廠《しょう》があり、「男の町」だった。だから「高級スーツや軍服の注文がまったく途絶えることはない」。

戦争が終わっても製鐵所の活気は消えることはない。八幡は「鉄都」として活況を呈する。そのため「紳士服の受注も伸びた」「顧客のネーム入りの人体が仕事場の奥には、林のように並んでいた」。既製服が当たり前になってしまった現代では考えられない光景である。

オーダーメイドは既製服に比べれば高価だからそう簡単に何着も作ることは出来ない。

昭和三十二年（一九五七）の東宝映画に『新しい背広』（筧正典監督）という佳品がある。田宮虎彦原作。小林桂樹、八千草薫主演。愛し合っている恋人たちが、生活に余裕がなくなかなか結婚出来ないでいる。二人のつましい青春を愛情こめて描いている。

小林桂樹は、戦争で両親を亡くしたあと、弟（久保明）を親代わりになって育ててきた。建築事務所で働いている。暮しは楽ではない。高校生の弟は勉強がよく出来る。なんとか大学にやりたいが、そのためには恋人、八千草薫との結婚を延ばさなければならない。弟と恋人の板挟みになって悩む。

この主人公の背広は、もう何年も着ているのだろう。相当、ボロになっている。肘が抜けてしまっている。新しい背広を買いたいにも、大学に行きたい弟の学費のことを考えると我慢しなければならない。

恋人の八千草薫も父親を戦争で失っている。形見の背広がある。オーダーメイドだからしっかりしている。その父の背広を恋人に贈る。微笑ましい。

注文で仕立てた服は一生ものだから、こういうことが出来るのだろう。

銀座の老舗洋服店、米田屋の創業者の孫になる柴田和子の『銀座の米田屋洋服店　時代と共に歩んだ百年』（東京経済、平成四年）によれば、既製服が主流になるのは、昭和四十年代以降だという。確かに私自身、昭和四十四年（一九六九）に社会人になった時、〝新しい背広〟は既製服だった。

風呂敷

昭和の日常生活に溶け込む

日本人の暮しの知恵

バッグの普及で近年はあまり見かけなくなってしまったが、昭和の暮しには、風呂敷が欠かせなかった。

たった一枚の布でさまざまなものを包める。本、書類、酒瓶、教科書、弁当、銭湯に行く時の洗面道具、天地無用のケーキや人形、寿司の折詰、着物、結婚式の引出物……挙げてゆくと切りがない。

軽くて折り畳みの出来る風呂敷は持ち運びも便利だし、使い終わったら元の一枚の布に戻せる。日本人の暮しの知恵だった。

昭和二十七年（一九五二）公開の家庭劇の秀作、成瀬巳喜男監督の『おかあさん』には、さまざまな風呂敷が描かれていて、昭和のこの時代まで風呂敷が庶民の暮しに欠かせないものだったことがよく分かる。

一家は東京の大森あたりでクリーニング店を営んでいる。母親は田中絹代、父親は三島雅夫。長男の片山明彦は肺を病んで療養所に入っている。ある時、母親の顔が見たくて家に戻ってくる。庭先に恥ずかしそうに現われた長男は手に大きな風呂敷包みを持っている。入院中の服や日用品を入れているらしい。

父親が病死する。通いの職人、加東大介が手助けに来る。彼は小さな風呂敷を持っている。昼の弁当が入っているのだろう。

ある時、客の帽子を染めるのに失敗して弁償することになる。当座のお金を作るため、母親は娘の着物などを質に入れることにする。箪笥から着物を出して風呂敷で包む。

日常生活の随所で風呂敷が使われている。

着物には風呂敷が似合う

昭和戦前、小豆島の先生を主人公にした壺井栄原作、木下惠介監督の『二十四の瞳』（一九五四年）を見ると、昭和はじめの島の子供たちの大半は、学校に行く時に風呂敷包みを持っている。

まだランドセルが普及する前のこと。教科書や筆記用具、そして弁当を風呂敷に包んでいる。この時代、子供たちは着物だから風呂敷がよく似合っている。

明治生まれの作家、井伏鱒二は「ふろしき」という随筆（昭和三十三年）で、子供の頃、教科書や筆筒を入れた風呂敷を右肩から左脇に背負って学校に通っていたという。「駆けだすと、筆筒の中の石筆が愉快そうにがらがらと音をたてた」。明治末の頃の広島県の村のこと。『二十四の瞳』を見ると、昭和のはじめになっても、明治の子供と同じようにまだ風呂敷が子供たちに愛用されていたことが分かる。

井伏鱒二は昭和三十年頃、友人の娘の結婚の祝いに「寿」の字を入れた風呂敷を贈ろうとする。いい贈り物だと思って、注文すると「井伏」の「伏」の字が「⿰亻太」に間違っていて、使いものにならなかったという。それでも、昭和三十年ごろまでは、風呂敷を結婚の祝い物として贈っていたことがうかがえる。現代ではどうか。

風呂敷はやはり着物の大人の女性に似合う。

高峰秀子が美しい未亡人を演じた木下惠介監督の恋愛映画『遠い雲』（一九五五年）。飛驒高山で撮影されていて、この古都の良さを日本全国に知らせるきっかけとなった。

その高山の旧家（造り酒屋）の息子（田村高廣）が、久しぶりに故郷に帰ってくる。そこでかつての恋人、いまは未亡人になっている高峰秀子と再会し、二人のあいだに恋が再燃する。思い切って二人で東京に出ることにする。いわば遅すぎた駆け落ち。

二人は早朝の高山駅で待ち合わせる。この時、高峰秀子は着物姿で風呂敷を抱えている。駆け落ちだから、わずかな荷物を風呂敷で包むしかなかったのだろう。

小さな風呂敷が、未亡人の思い切った決断をあらわしているのだが、結局、彼女は、家を捨てることが出来ず、高山駅で恋人と別れる。小さな風呂敷が悲しかった。

町歩きの必需品

風呂敷は、本好きの作家や大学教授にも似合う。

本を包むのにいい。一枚の風呂敷が、書店や古書店に立ち寄って、本を買い求めた時に格好の運搬道具になる。だから、作家や大学教授にとっては、風呂敷は町歩きには必需品になる。

永井荷風の昭和十二年（一九三七）の作品『濹東綺譚』では、荷風自身を思わせる「わたくし」は、その日、浅草から、さらに浅草裏を歩く。老人が営んでいる裏通りの古本屋に入る。そこで古雑誌を買い求める。

「わたくし」はいつも、町に出る時に、風呂敷を持って出る。その風呂敷には、町歩きの途中で買った食パンと罐詰（「わたくし」は単身者）、それに古本屋で買い求めた明治初期の雑誌を入れている。

初老の人間が、浅草の裏町を、食パンや罐詰と、裏通りの古本屋で求めた雑誌を入れた風呂敷を抱えて歩いている。市井の人から見ればわびしい姿かもしれないが、それなりに老紳士の粋《いき》がある。

風呂敷の効果ゆえだろう。初老の文人が洋服姿で一人、夜の町を風呂敷包みを抱えて歩く。そこには枯淡の風流がある。

ジーンズにスニーカーの現代のシニアには、こういう粋が似合わなくなった。無念。

荷風を敬愛し、同じように孤独な町歩きを楽しんだ、国文学の碩学、岩本素白《そはく》は、大学で教えながら、暇があると、町歩きに出かけた。その際には、いつも風呂敷を片手に持った。本を入れるため。

「騎西と菖蒲」という随筆（昭和十二年）に、ある日、思いたって埼玉県の菖蒲町に出かける出遊の記がある。

「去年の秋も稍《やや》ふけた或る月曜日の午前に、三時間ばかりの（大学での）講義を済ませた私は、急に遊意の動くのを覚えて、書物の風呂敷を抱へたまゝ上野から汽車に乗つた」本好きの大学教授は、町歩きに本を包んだ風呂敷包みは欠かせない。

現代のもの書きである私が、こういう町歩きの時、ジーンズにスニーカーであるため、トートバッグにしているのは、なんとも仕方がない。昔の風呂敷が似合った文人たちが羨ましい。

明治四十五年（一九一二）生まれ、ハンガリー文学の碩学、徳永康元は名随筆『ブダペストの古本屋』（恒文社、昭和五十七年）のなかで、「古本屋あるきには風呂敷が一番便利だというのが私の持説」と書いている。

私も、風呂敷が似合う老人になりたいと思っているのだが。

風呂敷が似合う者が、まだいた。

子供である。子供の頃、われわれの世代なら、月光仮面の真似をして風呂敷をマントがわりにして遊んだものだった。そのあとの世代だと仮面ライダーごっこだったろうか。風呂敷は子供にも愛されていた。

V

楽しみごと

銭湯

庶民の小さな楽しみ

湯を御馳走になる、という時代

小津安二郎監督の『東京物語』（一九五三年）にのどかな、いい場面がある。尾道から東京に出て来た老夫婦（笠智衆、東山千栄子）が子供たちの家を転々とする。ある時、下町で美容院を開いている長女（杉村春子）の家に泊まりに行く。

長女は忙しくてなかなか両親の相手が出来ない。かわりに夫（中村伸郎）が気を遣い、夏の夕暮れ、二階の物干台で夕涼みをしている義父にこう声を掛ける。

「風呂、行きましょう」。さらに義母には「また帰りにあずきアイスでも食べますか」。近所の銭湯に一緒に行って帰りに氷あずきを御馳走する。下町の人間のささやかなもてなしである。

昭和のはじめ浅草で育った芝木好子の自伝的小説『隅田川』（昭和三十六年）には「そのころ町家は浴室を持たないのが普通であった」と書かれている。東京の下町では内湯を持たず町の銭湯に行くのが普通だった。

『東京物語』の三人がのんびりと銭湯に出かけてゆく姿は下町では日常風景になっていたことが分かる。

小津安二郎は戦前の作品『一人息子』（一九三六年）でも銭湯に行く親を描いている。

信州から母親（飯田蝶子）が東京に出た一人息子（日守新一）を訪ねてやって来る。息子は東京の下町、江東区の砂町あたりで妻子とつつましく暮している。内風呂はない。

夜、母親は近所の銭湯に出かけてゆく。帰ってきた母親に息子が「お湯いかがですか」と聞くと母親は満足そうに「いいお湯でごわした」と言う。ここでも銭湯に行くことが、昭和の庶民の小さな楽しみになっている。「湯を御馳走になる」という言葉が残っていた時代のこと。

ちなみに東京の下町、日本橋蠣殻町《かきがらちょう》生まれの谷崎潤一郎は、昔の下町では「風呂屋」ではなく「湯屋」（ゆうや、または、ゆや）、「風呂にはいる」ではなく「湯にへえる」と言ったと書いている（随筆『當世鹿もどき』）。なるほど戦後の『東京物語』では「銭湯」なのに対し、戦前の『一人息子』では「湯」になっている。

銭湯は町を雄弁に語る

銭湯が大好きだった詩人、田村隆一の『ぼくの憂き世風呂』（集英社、昭和五十五年）によると公衆浴場としての銭湯が生まれたのは天正十八年（一五九〇）、大阪でだという。一年おくれて江戸にも出来た。大阪では「風呂屋」、江戸では「湯屋」と言った。

現代の銭湯の形が整ったのは二十世紀のはじめ頃。大正期、関東大震災のあとにタイル張りの浴槽が普及したという。

田村隆一は大の銭湯好きでビニール袋にタオルと石鹸とカミソリを入れ、どこに行くにもいつも持ち歩き、町でよさそうな銭湯を見つけると片っぱしから入ったという。「見知らぬ町に行ったら、まず銭湯に入ってみることです」とも言っている。銭湯は何よりその町をよく語ってくれるから。

ひいきの銭湯はあちこちにあったというから本当の銭湯好きだ。「小さな漁港、城下町、戦災をまぬがれた日かげの町などに昔ながらの銭湯――名実ともに銭湯という空間を散見することがある」とも言っているところを見ると旅に出ても銭湯に入っていたようだ。

『銀座八丁』や『日本三文オペラ』で知られる昭和の作家、武田麟太郎も銭湯好きで、よく通りすがりの銭湯に飛び込んだ。

明治の文人、斎藤緑雨も銭湯好きで、一日とて湯を欠かしたことはなかった。安い入浴料で「快」を得ることが出来る、こんないいものはないと、銭湯を、そして銭湯文化を絶賛した。実際、銭湯文化が発達したのは世界でも日本くらいだろう。

斎藤緑雨の親友に幸徳秋水がいた。こちらは大の入浴嫌い。これに手を焼いた秋水の奥さんは、それとなく緑雨の家に遊びに行くようにすすめた。緑雨の家に行くと誘われて一緒に銭湯に行くので奥さんは大喜びだった（吉野孝雄『飢は恋をなさず――斎藤緑雨伝』筑摩書房、平成元年）。

男どうしが連れ立って銭湯に行く。湯を楽しみに行く。夏目漱石の『三四郎』では、明治の末、福岡から東京に出て来た大学生の三四郎が敬愛する広田先生と一緒に本郷あたりの「湯」に出かけて行く。湯から上がって身長を測り合うあたりは微笑ましい。

下町の銭湯

谷崎潤一郎は回想記『幼少時代』（昭和三十二年）のなかで東京の下町でいかに銭湯が愛されたかを書いている。

「以前は下町では大部分の人が銭湯を浴びに行ったもので、余程の家でなければ自宅に湯殿を持っていなかった。私の親類じゅうでは、活版所にだけは湯殿があったが、𠆢《やまじゅう》のような米屋町の一流の家でも、伯父を始め家族も奉公人も全部銭湯――普通銭湯とは云わないで『湯屋《ゆうや》』と云った、――へ這入りに行った」

前述したように下町では内湯は珍しく、たいていの家では銭湯に行った。家を出て町なかの銭湯に入りにゆく。それが楽しいお出かけになったのだろう。

谷崎潤一郎の実家は兜町《かぶとちょう》に近く米相場を印刷していた。株屋も銭湯を大いに楽しむ。獅子文六原作、千葉泰樹監督の『大番』（一九五七年）は、昭和のはじめ、四国の宇和島の在から東京に出て来て、株屋になるギューちゃん（加東大介）の物語。

株屋で働くことになるのだが、山だしで身体が汚い。そこで主人がまず「おい、誰かこの男を湯に連れていってやれ」。先輩（仲代達矢）が近所の銭湯に連れていってくれる。生まれてはじめて銭湯に行ったギューちゃん、大きな湯舟、たっぷりの湯、それに富士山のペンキ絵に感動してしまう。銭湯がいかにいいところだったか。

銭湯すたれば人情もすたる
銭湯を知らない子供たちに
集団生活のルールとマナーを教えよ
自宅にふろありといえども
そのポリぶろは
親子のしゃべり合う場にあらず、
たゞだ体を洗うだけ。

タオルのしぼり方、
体を洗う順序など、
基本的ルールはだれが教えるのか。
われは、わがルーツをもとめて銭湯へ。

――田村隆一

子供は銭湯も遊び場

子供たちも銭湯を楽しむ。

成瀬巳喜男監督の『秋立ちぬ』（一九六〇年）は母親（乙羽信子）に連れられ信州から東京にやって来た小学生（大沢健三郎）のひと夏の物語。

銀座に近い新富町あたりで八百屋を営んでいる伯父さん（藤原釜足）の家に預けられる。下町だから内湯はなく銭湯。

銭湯に行くと町の子供たちがにぎやかに遊んでいる。すぐに親しくなる。湯舟で泳いだり、指鉄砲で湯を飛ばしたり。銭湯は子供の遊び場でもあった。もちろん度が過ぎると怒られたが。

感心な子供もいる。松山善三監督、高峰秀子、小林桂樹主演の『名もなく貧しく美しく』（一九六一年）では、父親（小林桂樹）と子供が一緒に銭湯に行く。子供が父親の背中を流す。なんと親孝行な。こんな風景も次第に消えていっているのではないか。

豆腐屋と古本屋と銭湯がある町は、懐かしいいい町だと思っている。幸い我が家に近い浜田山には昔ながらの銭湯が健在。時々、出かけるのを楽しみにしている。（残念ながらその後、二つともなくなってしまった）。

ラジオは友だち

実況中継で高まった野球人気

ラジオを聴きながら夕餉を囲む

ラジオの時代があった。

昭和二十七年（一九五二）から二十九年にかけて放送されたNHKのラジオドラマ「君の名は」（菊田一夫原作）はその時間、銭湯の女湯ががらがらになるといわれたほどの大人気になった。

子供たちのあいだではやはりNHKの新諸国物語シリーズ（北村寿夫原作、福田蘭童音楽）が人気になり、とりわけ「笛吹童子」と「紅孔雀」は私などの世代には忘れられない思い出のラジオ番組になっている（のちに東映で映画化された）。

昭和三十一年（一九五六）頃の大阪を舞台にした宮本輝原作、小栗康平監督の『泥の河』

（一九八一年）では、川べりに住む一家の夕食どき、部屋のラジオからは「赤胴鈴之助」が聞こえてくる。

福井英一・武内つなよし原作の少年剣士を主人公にした漫画をラジオドラマにしたもので、子供たちを夢中にさせた。

主題歌〽剣をとっては日本一の……はいまでも歌える。子役時代の吉永小百合が出演していたことでも知られる。

ラジオを聴きながら夕食をする。一家団欒の幸福なひとときだった。

ラジオの前に集合

松本清張原作、野村芳太郎監督の『張込み』（一九五八年）は、二人の刑事（宮口精二、大木実）が強盗殺人の容疑者（田村高廣）を張込む物語。

舞台は佐賀市。容疑者は昔の恋人でいまは人の妻となった女性（高峰秀子）のところに現われる可能性が高い。二人の刑事は、女性の家の前にある旅館の二階に泊り込んで容疑者の現われるのを待つ。

この旅館で働いている若い女性（小田切みき）はラジオで歌謡番組を聴くのが大好き。一日の終わり、旅館の茶の間で泊り客たちとラジオの前に座る。

折りしもラジオからはアナウンサーの声が聞こえてくる。「北は北海道から南は九州まで。全国のみなさん、ラジオの前にお集まり下さい」

聴いている客が「もう集まっているよ」と陽気に合いの手を入れる。放送される番組は「民放祭り十大歌手歌謡曲大会」。

美空ひばりの「君はマドロス海つばめ」や青木光一の「早く帰ってコ」が流れてくる。

歌の好きな若い女性は歌詞の入った本を手にしながら歌手と一緒に歌う。この本は当時「明星」や「平凡」などの芸能月刊誌の付録になっていたいわゆる歌本。ラジオの歌謡番組を聴く時はこれを離せなかった。

ちなみにNHKラジオで紅白歌合戦が始まったのは昭和二十六年（一九五一）。この時代、ヒット歌謡はラジオから生まれた。

歌番組だけではない。小津安二郎監督の『麦秋』（一九五一年）では鎌倉に住む若い女性（原節子）がラジオで歌舞伎の中継を聴いている。

テレビではなくラジオでの舞台中継はアナウンサーにとって相当難しい仕事だっただろう。「ただいま舞台上手から中村勘三郎がしずしずと現われました」と状況をこまかく説明したものだった。

日本でラジオ放送が始まったのは大正十四年（一九二五）。東京・芝の愛宕山《あたごやま》の東京放送局が始めた。新メディアだが人気は高く、当初すでに聴取契約者数は十万人を超えた。大正十五年（一九二六）には、東京、名古屋、大阪の三つの放送局が合同し日本放送協会（N

HK）が設立された。

実況中継で高まった野球人気

ラジオの普及をうながした人気番組のひとつはなんといってもスポーツ中継だろう。昭和二年（一九二七）に甲子園球場で開かれた第十三回全国中等学校優勝野球大会（現在の高校野球）がラジオによるはじめての野球中継とされている。

これが評判となりこの年の秋には神宮球場での早慶戦がラジオ放送され、ラジオの前には黒山の人だかりとなった。

大正十一年（一九二二）東京生まれの評論家、安田武の回想記『昭和　東京　私史』（新潮社、昭和五十七年）には子供時代、神宮の六大学野球の実況放送に熱中した思い出が懐かしく語られている。

「野球放送がはじまると、ラジオに齧《かじ》りつき、スコアー・ブックを拡げて、ストライク、ボール、ファウルに至るまで、いちいち丹念に記入していった」

安田武によると早慶戦の人気は松内則三アナウンサーの名調子の力が大きかったという。

「神宮球場どんよりとした空、夕闇迫る空、鴉《からす》が一羽、二羽、三羽、四羽、――風雲いよいよ急を告げています」

昭和十二年（一九三七）に出版され、いまも読み継がれている少年たちの友情の物語、吉野源三郎の『君たちはどう生きるか』には東京の中学生「コペル君」が友人たちの前で早慶戦のラジオの実況中継を真似るくだりがある。机の上にラジオを置き、そのうしろに風呂敷をかぶって座る。アナウンサーの「名調子」の真似をする。

「……紺青《こんじょう》の空晴れ渡り、風は落ち、神宮球場には砂埃《すなぼこり》一つあがりません。センター後方の大日章旗がわずかに風にゆれているばかり、正に絶好の野球日和であります」

野球人気はラジオによる実況中継と共に高まったことがうかがえる。戦前のラジオの名実況中継といえばなんといっても、昭和十一年（一九三六）八月のベルリン・オリンピックの水泳女子二〇〇メートル平泳ぎ。河西三省アナウンサーが「前畑がんばれ」と三十六回も繰り返し、日本中を熱狂させた。その声援に応えるように前畑秀子はみごと優勝。平和な時代のもっとも幸福なラジオ番組だったといえるだろう。

ラジオが賞品に

やがて日本は戦争に突入。昭和二十年（一九四五）八月十五日のラジオによる玉音放送によって戦争は終った。

戦後は六大学野球にかわってプロ野球の人気が高まった。『エノケンのホームラン王』（渡辺邦男監督、一九四八年）では東京下町で肉屋を開いているエノケン（榎本健一）がプロ野球好き。今日もラジオで巨人太阪神を聴いている。ひいきの巨人がリードしているので上機嫌。ところが途中でラジオが故障してしまいあとが聴けなくなり、がっかり。終戦直後はラジオの故障はよくあった。

当時、ラジオは貴重品。下町の庶民の暮しを描いた成瀬巳喜男監督の秀作『おかあさん』（一九五二年）には、町内の夏祭りのど自慢大会が開かれる場面があるが、一等の賞品はラジオになっている。

松山善三監督のヒューマニズムあふれる傑作『名もなく貧しく美しく』（一九六一年）はろうあの夫婦（小林桂樹、高峰秀子）の物語。ある時、小学生の子供がラジオのクイズ番組に応募する。運よく当選し、賞品のトランジスタ・ラジオが届く。

子供は大喜びでラジオを聴く。それを見て耳の聞こえない両親も幸福になり、音を聴き取ろうとするかのようにラジオを手でなでるように触る。ラジオが貴重な時代だった。

原っぱの野球

子供たちの絶好の遊び場

戦前の映画にも登場

昭和の頃、どこの町にも原っぱがあった。そこは子供たちの絶好の遊び場所になっていた。とりわけ原っぱで行なわれたのが野球だった。現代のように立派なグラウンドなどまだなかった時代、原っぱは子供たちにとってもっとも身近な町の野球場だった。

昭和のはじめの映画に、もう原っぱで野球を楽しむ子供たちが登場している。

たとえば昭和八年（一九三三）の成瀬巳喜男監督作品『夜ごとの夢』。当時のスター、栗島すみ子が演じるヒロインはカフェーの女給をしながら子供を育てている。

彼女は東京の下町、佃島《つくだじま》あたりのアパートに住んでいるが、近くに原っぱがある。そこでは町の子供たちが野球をしている。この頃から原っぱはもう子供たちの格好の遊び場所になっている。

まだ小さくて仲間に入れてもらえない男の子はコンクリート管に乗って見物。原っぱといえば丸い、大きなコンクリート管がよく置いてあったものだ。資材置場として使われていたからだろう。電線巻の木芯なども置いてあった。

昭和十一年（一九三六）の小津安二郎監督作品『一人息子』は、信州から東京に出て来て夜学の先生をしている息子（日守新一）とその母親（飯田蝶子）の物語。

息子は隅田川を渡った、現在の江東区砂町あたりの一軒家に妻（坪内美子）と子供と暮している。当時はまだ新開地で、家の近くには大きな原っぱがある。そこで近所の子供たちが野球をしている。ミットを持っている子供とミットを持っていない子供がいるのは家の経済状態が違うからだろう。

原っぱのはずれに馬が一頭つながれていて草をはんでいるのが面白い。馬車屋の馬らしい。子供の一人が得意になってその馬の腹の下を何度もくぐり抜けているうちに馬に蹴られてしまうのだが。

ちなみに江東区は荷馬車屋が多かったところで、昭和十年頃、砂町には八百頭の馬がいたという（石田波郷『江東歳時記』東京美術、昭和四十一年）。

昭和十五年（一九四〇）に公開された子役時代の高峰秀子の野球映画『秀子の応援団長』（千葉泰樹監督）にも原っぱの野球が出てくる。

高峰秀子演じる少女は野球を見るのもするのも好き。東京の山の手に住んでいる。西洋館の並ぶお屋敷町にもちゃんと原っぱがある。

そこではやはり町の子供たちが野球をしている。小さな女の子も加わっている。女学生の高峰秀子はいちばんのお姉さんなのでキャッチャーを務める。

張り切って遊んでいる時、たまたま父親が通りかかり、「なんてお転婆な」「女の子なんだから野球なんかするんじゃない」とお目玉を食ってしまうのが可笑しい。

野球漫画の誕生

戦後、プロ野球は大人気になる。赤バットの川上（哲治）や青バットの大下（弘）がヒーローになる。それに伴って子供たちのあいだでも野球は以前にも増して人気スポーツになってゆく。

井上ひさしの長篇『下駄の上の卵』（「たまげた」の意。一九八〇年）は、終戦後の昭和二十一年（一九四六）に、山形県の田舎町に住む小学生の男の子たちが、憧れの白い軟式ボールを求めて東京へと旅する野球小説。

モノのなかった終戦後のこと、子供たちは、里芋の茎をぐるぐる巻いて作ったボールと丸太を削ったバット、それに軍手をもとに作ったグローブで野球をする（さすがにそれでは満足に野球が出来ないので、本格的なボールを求めて東京へと冒険の旅に出る）。

この子供たちが野球をする場所がやはり原っぱ。鎮守の森の横にある。「公園という名は冠せられているけれども、新山《しんざん》神社なる鎮守の社《やしろ》のいわば前庭のようなもので花壇ひとつないただの原っぱだった」

この原っぱが子供たちの野球場になる。小さな町だが、少年野球チームが十近くある。だから日曜日になると、この原っぱが奪い合いになる。終戦後の野球人気をうかがわせる。

その人気を受けて、戦後、野球漫画が生まれた。最初の野球漫画は、月刊誌「漫画少年」の昭和二十三年(一九四八)一月創刊号から翌年の三月号までに連載された井上一雄の『バット君』。私などの世代には懐かしい。

バット君こと長井抜十《ばっとう》君は野球好きの中学生。東京の小さな町に住んでいる。お父さんは町のお医者さん。バット君はちゃんとユニフォームを着て野球をする。

家の近くには原っぱがある。そこでお父さんとキャッチボールをする。親子が原っぱで野球を楽しむ。長い戦争が終わってようやく平和な時代が来たことの嬉しさが野球にあらわれている。

消えゆく原っぱの野球

原っぱでする野球で困るのは、外野手を超えたボールがしばしば草むらに消えてしまうこと。補欠のバット君がこのボールを捜す役になる。

原っぱの定義は難しい。工場の空地、宅地用の売地、資材置場、屋敷あとなどなど。まだ満足に公園もグラウンドもなかった時代、そこが子供たちの野球場となった。

黒澤明監督の昭和二十二年（一九四七）の作品『素晴らしき日曜日』にも原っぱの野球が出てくる。貧しい恋人たち（沼崎勲と中北千枝子）が、ある日曜日、いまふうにいえばデートをする。東京のあちこちを歩く。町の原っぱで子供たちが野球をしている。それを見て沼崎勲演じる青年は仲間に入れてもらう。原っぱでの子供たちの野球が戦後の明るさをあらわしている。

成瀬巳喜男監督の昭和三十五年（一九六〇）の作品『秋立ちぬ』は、銀座の隣り、新富町あたりを舞台にしている。もう家が建てこんで来ていて満足な原っぱがない。

仕方がないので子供たちはネット塀を乗り越え、駐車場に入り込んで野球をする。といっても狭い場所だから三角ベース（懐かしい！）。おまけにすぐに警備員に見つかって怒られてしまう。この頃から、次第に原っぱが消えていった。

夜店、縁日

家族で夜店を銀ぶら

戦前の銀座に並んだ風流な夜店

現在の銀座からは想像がつかないが、昭和戦前期の銀座には夜店（露店）がずらりと並んだ。大正十二年（一九二三）の関東大震災のあと、銀座は鉄筋コンクリートの建物が並ぶモダン都市として復興、変貌していったが、その新しい銀座を支えていたのは、意外にも夜店だった。

とりわけ、松屋、三越、松坂屋のデパートが並ぶ銀座通りの東側に集中した。店舗が店仕舞してから夜店が店を開ける。

当時の銀座の様子を語った安藤更生の名著『銀座細見』（春陽堂、昭和六年。のち中公文庫）には、銀座のにぎわいについて、こうある。

「夜店といえば、どこのも何となくうらぶれた、淋しい思いを起こさせるものだが、銀座の夜店には全くそういうところがない。明るくて快活で、手ごろで、そしてよい品物が安く買える。店々にネオンサインが点《とも》り、大きなゼネラルモオタアスのイリュミナシオンが一斉に輝き初《はじ》める夕方の六時ごろから、そこには思い思いの店が開かれる」

夜店といっても、決していい加減なものを売る安直な店ではなく、玩具、古本、骨董などきちんとしたものを並べていた。だから、安藤更生は、「これは一つの立派なデパアト」だと賞賛する。

大正時代に始まり、昭和になって盛んになった「銀ブラ」には、昼の銀座を歩くことだけではなく、この明るい夜店が並ぶ夜の銀座を歩く楽しみも入っていた。

大正九年（一九二〇）に銀座に生まれた、元朝日新聞記者、水原孝は回想記『私の銀座昭和史　帝都モダン銀座から世界の銀座へ』（泰流社、昭和六十三年）のなかで、「私などは子供の頃から家の者と銀ブラをしながら、夜店を見て歩くのが楽しみだった」と書いている。

銀座通りの東側、一丁目から八丁目まで夜店が並んでいた。「夜店は夜の銀座に人をひきつけ、銀ブラを一層楽しいものにしてくれたのだった」

どんな店が並んでいたのか。

水原孝は挙げている。洋書を売る店、古本屋、切手や古銭を売る店、骨董屋、クシなどの日用品を売る店など。

こんな夜店が並んでいたら、すぐにでも行きたくなる。洋書を売る店があったというのはハイカラな銀座らしい。

さらに銀座っ子の水原孝は書いている。

「いまとちがって夏はクーラーがない。だから暑い夏の夜は、風呂から上って浴衣《ゆかた》に着かえ、父や母と、あるいは兄弟や店の人たちと銀座に出て、夜店をひやかすのが暑さしのぎのたのしみの一つでもあったのだ」

夜店には、虫屋もあった。水原少年は、毎年ここでスズ虫を買ってもらうのが楽しみだったという。銀座の夜店は風流でもあった。

特別だったお地蔵様の縁日

そもそも夜店とはいつごろ、どうして生まれたのだろうか。

これについては詳しく分からないが、寺社で開かれていた縁日が起源ではないか。山田洋次監督の『男はつらいよ』シリーズでよく知られている、渥美清演じるテキヤの寅が露店で啖呵売をする、あの縁日である。

銀座でも、夜店の他に、四丁目の出世地蔵には縁日があり、その日は露店でにぎわった。

大正三年（一九一四）に銀座のてんぷら屋の名店、天金に生まれた国文学者の池田彌三郎は、回想記『銀座十二章』（朝日新聞社、昭和四十年）のなかで銀座っ子にとっては、銀座の縁日が楽しみだったと書いている。

「縁日は、ふだんの町の生活のアクセントでもあった。銀座という町そのものが、始終お祭の日みたいなものであったが、そこに住んでいる者にとっては、やはりお地蔵様（注、出世地蔵）の縁日などは、気もちを浮き浮きさせた」

縁日には、「ぶどう餅、あんこだま、べっこうあめ、さらしあめ、どんどん焼、電気あめ、カルメラ焼」などの店が並んだという。現在の銀座の夜にも、こんな夜店があればいいのだが。

戦前から続いていたこの銀座の夜店は、戦後、米軍による占領時代（オキュパイド・ジャパン）に、不衛生として撤去され、その歴史を閉じてしまった。

永井荷風、安岡章太郎が描いた夜店

銀座だけではない戦前の昭和の東京には、銀座の夜店のにぎわいに倣ったのだろう、小さな町でも夜店が出るようになった。震災後の復興期に、きちんとした店を構えることなく、とりあえず商売をするには露店しかなかった。

昭和十二年（一九三七）に「朝日新聞」に連載小説として発表された永井荷風の『濹東綺譚』は老いを迎える一人暮しの作家、「わたくし」と、隅田川の東、向島の私娼の町、てくる。

玉の井に暮す、私娼のお雪との淡い交情を綴った名作だが、この作品のなかに、夜店が出てくる。

隅田川の東の陋巷《ろうこう》、玉の井にも夜店が出る。

お雪を知って、私娼の町に通うようになった「わたくし」は、町のすみずみを歩くようになり、小さな寺や稲荷の周辺で、毎月、二日と二十日の両日に縁日があり、その日は、夜店が並ぶことを知る。

下町らしく、植木屋が多い。

「植木屋が一面に並べた薔薇や百合夏菊などの鉢物に時ならぬ花壇をつくっている」

「わたくし」は、ある店で、常夏《とこなつ》の花一鉢を買い求める。お雪へのみやげにしようとしたのだろう。

大正九年（一九二〇）生まれの作家、安岡章太郎は少年時代、東京の青山で過ごした（父は軍医）。短篇「宿題」（昭和二十七年）には、少年時代（昭和のはじめ）、「僕」が母親と共に青山の寺の縁日に行く姿が描かれている。

日が暮れると、近隣の人が縁日に出る。夜店が並ぶ。「僕」は母親に連れられ、歩く。

「境内には夜店が行列していた」

鈴のついたお守り袋。ハッカパイプ。新発明の大根おろし器。さらに「僕」が心惹かれたブリキ製のシャープペンシル。

多くの夜店の並ぶ縁日は、子供の天国だった。


その縁日が悲しい思い出にもなる。

宮本輝原作、小栗康平監督の『泥の河』（一九八一年）。昭和三十年代はじめの大阪の下町に住む子供たちを描いている。

まだ貧しい時代。川べりの安食堂の子供、信雄は、川に浮かぶ船で暮す喜一と親しくなる。ある夏、信雄は母親（藤田弓子）に、二人ぶんのこづかい（それぞれ五十円）をもらい、近くの神社の縁日に行く。

金魚すくい、たこ焼き、焼きとうもろこし。買いたいものはたくさんある。何を買ったらいいか。

楽しく迷っているうちに、喜一のズボンのポケットに穴があいていて、せっかくの「五十円」がなくなってしまう。

楽しい筈の縁日で、大事なお金を落としてしまう。子供にとってこんな悲しい縁日はないだろう。

デパートにお出かけ

屋上遊園地は松屋から

日本橋の「三越」「白木屋」

デパート（百貨店）が輝いていた時代があった。

小市民の家族の楽しみのひとつはデパートにお出かけすることだった。買物をし、食堂で食事をし、屋上の遊園地で遊ぶ。

デパートが小市民の生活に溶け込んでくるのは、大正時代から。広告史上の名コピーとされる「今日は帝劇　明日は三越」は大正時代に三越が作ったもの。

関東大震災のあと大正十三年（一九二四）から十四年にかけて発表された谷崎潤一郎の『痴人の愛』では、中流サラリーマンの「私」とカフェーの女給だったナオミが一緒に暮すようになるが、二人はよく「デパートメント・ストーア」へ買物に行く。

「殊にその頃は、殆《ほとん》ど日曜日の度毎《たびごと》に三越や白木屋へ行かないことはなかったでしょう」とある。

日本橋にあった「三越」「白木屋」が当時の日本を代表するデパートだったのはいうまでもない。

三越は日本で最初のエスカレーター、白木屋は日本で最初のエレベーターを設置した。どちらもハイカラな「百貨店」だった。

デパートの店員から女優へ

戦前の日本映画の名作に昭和十二年（一九三七）の作品『限りなき前進』がある。脚本は小津安二郎、監督は内田吐夢。東京郊外に住むサラリーマン（小杉勇）の哀歓を描いている。

その家の娘（宝塚出身のスター、轟夕起子が演じている）は白木屋に勤めている。当時、女性の仕事としては人気があった。

小学生の弟（子役時代の片山明彦）は姉の勤め先だから気易いのだろう、日曜日に友達と白木屋に行く。屋上で遊んだり、食堂で食事をしたりする。昭和の子供にとってデパートが格好の遊び場所になっている。

新宿が新しい盛り場として発展してゆくのは関東大震災後。ここにもデパートが出来る。

昭和八年（一九三三）に開館した伊勢丹新宿店（昭和十一年には現在のアールデコ調の建物が建てられる）。

昭和十四年（一九三九）の映画、菊池寛原作、佐々木康監督の『女性の戦ひ』では、当時のスタア、川崎弘子が伊勢丹のネクタイ売り場で働く女性を演じている。まだ着物姿なのが時代を感じさせる。

彼女はネクタイを買いに来た、上原謙演じる映画会社の青年重役に女優にならないかと誘われる。

デパートの女性には美人が多かったからよく映画会社にスカウトされた。戦後のスター、池内淳子と、新東宝のグラマー女優、前田通子《みち》は日本橋の三越の店員だった。

デパートの屋上には遊園地

関東大震災で大きな被害を受けた浅草だったが、昭和に入ると復興し、また震災前のにぎやかさを取り戻してゆく。

昭和六年（一九三一）に隅田川沿いに出来た松屋（東武鉄道のビルのテナント）は新しい浅草を象徴するデパートになった。永井荷風は日記『断腸亭日乗』昭和六年十二月十一日に出来たばかりの松屋のことを記している。「花川戸《はなかわど》の岸に松屋呉服店の建物屹立《きつりつ》せり」

明治生まれの荷風は「松屋呉服店」と昔の言葉を使っている。三越も白木屋も松屋もその前身は呉服店だった。

この松屋の屋上には「スポーツランド」という子供向けの遊園地が作られた。従来、浅草では大事にされていなかった女性と子供を客層にし、これが大人気になった。デパートの屋上が遊園地になった早い例。

昭和十年（一九三五）に作られた、川端康成の『浅草の姉妹』の映画化、成瀬巳喜男監督の『乙女ごころ三人姉妹』には、主演の堤真佐子演じる浅草娘が松屋に行く場面で、この「スポーツランド」がとらえられる。ここではとくに、航空艇と呼ばれるゴンドラが屋上の端から端まで移動するロープウェイが人気だった。

松屋は戦時中、空襲の被害を受けたが、戦後の復興も早く、戦前と同じように屋上を子供のための遊園地にした。

戦前の航空艇にかわって人気になったのがスカイクルーザーと呼ばれる大観覧車。日本でロケを行なったアメリカのアクション映画『東京暗黒街　竹の家』（サミュエル・フラー監督、一九五五年）にスカイクルーザーが登場するのは映画ファンにはよく知られている。

屋上から東京一望

まだ高い建物が少なかった時代、デパートの屋上は絶好の展望台にもなった。

小津安二郎監督の『東京物語』（一九五三年）では、尾道から東京に出て来た両親（笠智衆と東山千栄子）を嫁の原節子が、はとバスで東京案内をしたあと、銀座の松屋の屋上に連れて行き、広々とした東京の町を見せる。

成瀬巳喜男監督の昭和三十五年（一九六〇）の作品『秋立ちぬ』では、信州から出て来た小学生の男の子（大沢健三郎）が「海を見たい」というので、近くに住む女の子（一木双葉）が銀座の松坂屋の屋上に連れてゆき、そこから東京湾を見せる。

いまでいえばデパートがスカイツリーのような役割を果たしている。この女の子は銀座の隣り、築地あたりに住む町っ子で、普段からデパートを遊び場所として使いこなしているのが面白い。

学生たちに人気のアルバイト先

昭和三十年代、学生たちは夏休みや冬休みによくデパートでアルバイトをした。

美空ひばり、江利チエミ、雪村いづみの『ロマンス娘』（杉江敏男監督、一九五六年）では、三人娘が銀座の松坂屋でアルバイトをする。美空ひばりと雪村いづみは玩具売り場。江利チエミは風呂桶売り場（デパートで風呂桶を売っていた！）。

石坂洋次郎原作、田坂具隆監督の『乳母車』（一九五六年）では、石原裕次郎が日本橋の髙島屋の屋上でアドバルーンを揚げるアルバイトをする。アドバルーンが消えたいま懐かしい。

この時代、学生にとってデパートは人気のアルバイト先だった。向田邦子も学生時代、日本橋のデパートで歳末のアルバイトをしたと思い出を書いている（『父の詫び状』）。金物売り場や佃煮売り場のレジの仕事をした。金物売り場では湯タンポが大いに売れたという。

その向田邦子は、「デパートで一番好きなのは、地下の食料品売場である」「私にとっては、宝石売場より洋服売場より心の躍る場所なのである」（「試食」『夜中の薔薇』昭和五十六年）と書いている。いまも同じように思う人は多いのではないか。

アドバルーン

都心の空を彩る

夜のネオン、昼のアドバルーン

昭和に活躍した洋画家、鈴木信太郎（一八九五－一九八九）に、《東京の空（数寄屋橋附近）》（昭和六年）という絵がある。

関東大震災のあと復興してゆく銀座の新しい都市風景を描いている作品だが、建物よりも何よりも、この絵でいちばん目をひくのは銀座の空に浮かんだアドバルーン。「東京の空」とあるように、絵の半分近くを空が占める。そして、その空には大きなアドバルーンが六つも浮かんでいる。昭和のはじめの銀座には、こんなにたくさんのアドバルーンが浮かんでいたとは。

鈴木信太郎《東京の空（数奇屋橋附近）》昭和６年作　画像提供：一般財団法人そごう美術館

現在、東京の空にはもうアドバルーンはほとんど見られない。高層ビルが増えたために、広告気球の意味がなくなってしまった。

気球は、明治時代に偵察用として軍隊で使われていた。それが次第に広告、宣伝に使われるようになった。大正はじめに、化粧品会社の中山太陽堂や福助足袋が使ったのが早い例だという。

当初は「広告気球」といっていたが、昭和になってアドバルーンと呼ばれるようになった。advertisement（広告）の ad と balloon（気球）を付けた和製英語である。

震災後、東京に鉄筋コンクリートのビルが建ち並び、町が自動車や地下鉄の走るモダン都市に変貌してゆく時代に、夜のネオンと並んで昼のアドバルーンは、新しい広告手段として人気を呼んだ。

画家の鈴木信太郎は、そのアドバルーンに興味を覚え「東京の空」を描いた。

都市風俗の変化に敏感だった作家、永井荷風も、昭和六年（一九三一）に発表した小説『つゆのあとさき』で銀座の空に浮かぶアドバルーンをとらえている。

この小説の主人公は、震災後の東京に急増したカフェーで働く、君江という「女給」。冒頭、君江は市ヶ谷あたりにある家から、銀座のカフェーに出勤する。数寄屋橋を渡って銀座に入る。

「数寄屋橋のたもとへ来かかると、朝日新聞社を始め、おちこちの高い屋根の上から広告の軽気球があがっているので、立留《たちどま》る気もなく立留って空を見上げた」

「広告の軽気球」はいうまでもなく、アドバルーンのこと。ちなみに、この時代、朝日新聞社の建物（昭和二年竣工）は数寄屋橋の横にあった。現在、マリオンのあるところ。当時としてはモダンな建物で、鈴木信太郎はこの五階から「東京の空」を描いた。

アドバルーンは大体、ビルの四、五階の高さに浮かんだ。

二・二六事件の空に

アドバルーンの存在が一躍有名になったのは、昭和十一年（一九三六）にヒットした歌「あゝそれなのに」（星野貞志作詞、古賀政男作曲）によってだろう。

日活映画『うちの女房にゃ髭がある』（千葉泰樹監督、杉狂児、星玲子主演）の主題歌。会社員の夫が出勤したあと、妻が家でひとり寂しく夫の帰りを待っている、その寂しい気持を歌った曲で、歌いだしに「空にゃ今日もアドバルーン」とある。美ち奴《みやっこ》という歌手が歌って大ヒット。「あゝそれなのに」が流行語になると同時に、アドバルーンが新しい都会風景として広く世に知られるようになった。

ちなみに、この曲の作詞者「星野貞志」は、サトウハチローのこと。映画のなかで妻を演じた星玲子の亭主をもじった。

『うちの女房にゃ髭がある』が話題になった昭和十一年、アドバルーンは世を揺がす大事件に使われた。

二・二六事件である。

青年将校がひき起こしたクーデターに昭和天皇がいきどおり、すぐに鎮圧されることになるのだが、この時、軍の戒厳司令部はラジオで、蹶起《けっき》部隊に「今からでも決して遅くはないから、直ちに抵抗をやめて軍旗の下に復帰する様にせよ」と呼びかけると同時に、アドバルーンを掲げた。

そのネットには「勅命下る軍旗に手向ふな」と大きく書かれていた。この時代、アドバルーンが、軍の意志伝達にも大きな役割を果たしていたことが分かる。

戦後復興の象徴

戦後、日本は連合軍によって占領された（いわゆるオキュパイド・ジャパン）。気球はもともと軍事用だったため、GHQ（連合軍総司令部）によって、アドバルーンは禁止された。

それがようやく復活するのは、昭和二十七年（一九五二）、対日講和条約の発効によって、占領時代が終わってから。

翌二十八年に公開された松竹映画、川島雄三監督の『新東京行進曲』は、戦前に、銀座の名門、泰明小学校を卒業した子供たちが、成長して、戦後、再会する青春物語だが、この映画がとらえる銀座の空には、戦前と同じようにまたバルーンが浮かんでいる。

この映画では、冒頭、当時の東京都知事、安井誠一郎本人が登場し、新聞記者たちと小型飛行機に乗って、東京の町を視察する。

焼け跡はもうなく、新しい建物が次々に建っている。それを見ながら安井知事はいう。「東京はこの三十年のあいだに、関東大震災と東京空襲で大きな痛手を受けた。にもかかわらずこうしてまた復興している」

東京の空にまた浮かぶようになったアドバルーンは「復興」の象徴のひとつになった。

『新東京行進曲』と同じ昭和二十八年に公開された『女心はひと筋に』（杉江敏男監督）と

いう東宝の青春映画がある。

大学で医学を学ぶ学者の卵の池部良と、芸者の久慈あさみの結ばれない恋を描いている。映画は、銀座の町から始まり、銀座の町で終わる。最後、銀座の夜景。日劇（現在のマリオン）のところにアドバルーンが浮かんでいる。そこには当の映画『女心はひと筋に』の広告文字が。しゃれている。


アドバルーンを利用したのは、主として、映画館や劇場、そしてデパートだった。

昭和三十一年（一九五六）に公開された日活映画、石坂洋次郎原作、田坂具隆監督の『乳母車』では大学生の石原裕次郎が、日本橋の髙島屋の屋上で、アドバルーンを揚げるアルバイトをしている。降ろす時、二人がかりで綱を引っ張っている。かなり重労働だったようだ。

昭和四十年代に入っても、まだ銀座にはアドバルーンが見られた。

直木賞作家、松井今朝子の回想記『師父の遺言』（NHK出版、二〇一四年）によると、昭和四十年代、松井さんは大学院の学生だった頃、銀座の小さな広告代理店でアルバイトをしていた。銀座の町を歩いて空を見上げ、契約どおりアドバルーンがきちんと揚がっているかどうか確認するのが仕事だったという。

アドバルーンの最後の時代だろう。

夜行列車

一人で乗り込む女たち

夜汽車が歌われた七〇年代

〽花嫁は夜汽車にのって　嫁《とつ》いでゆくの……

昭和四十六年（一九七一）にヒットした、はしだのりひことクライマックスの「花嫁」。その前年、一九七〇年に、かまやつひろしが歌った「どうにかなるさ」には、〽今夜の夜汽車で　旅立つ俺だよ……とあった。

夜汽車に乗って嫁いでゆく。夜汽車に乗って遠くへ旅に出る。一九七〇年代には、まだ「夜汽車」という言葉が生きていた。歌のなかで哀歓を持って使われた。

実際、その頃までは、全国の鉄道には夜汽車（夜行列車）が走っていた。ふらっと夜汽車に乗って旅に出ることが出来た。

それが、新幹線、飛行機の普及と共に、次第に消えていった。高度経済成長期に活躍し、親しまれた青い色の寝台特急「ブルートレイン」も平成二十七年（二〇一五）に、姿を消した。

清張ミステリに登場

松本清張の『点と線』は月刊誌「旅」に連載されたあと、昭和三十三年（一九五八）に光文社から単行本が出版され、大ベストセラーになった。このミステリは、例の「東京駅の四分間の空白」のトリックが話題になったが、トリックの場面で、十五番線のホームに入線していたのは、博多行きの寝台特急「あさかぜ」。『点と線』の連載が始まった昭和三十二年の前年から運行されたブルートレインの第一号である。

松本清張は、新しく登場した寝台特急をさっそく、ミステリに取り入れた。さすが。

松本清張は高度経済成長期、昭和三十年代に次々に力作を発表していった。そのために、作品にはよく夜行列車が登場する。

『ゼロの焦点』（単行本は一九五九年）では、ヒロインの夫が、金沢に出張するために上野駅から夜行列車に乗る（そして、金沢で失踪してしまう）。

『砂の器』（一九六一年）では、東京の二人の刑事が、殺人事件の捜査のため秋田県の亀田という町に行く時に、上野駅から秋田行きの夜行急行「羽黒」に乗る。

短篇『張込み』（一九五五年）では、やはり殺人事件を追う二人の刑事が、九州の佐賀に行くために、横浜駅から下りの夜行に乗る。

『ゼロの焦点』は昭和三十六年（一九六一）に松竹で野村芳太郎監督、橋本忍・山田洋次脚本で映画化された。

ヒロインの久我美子が、出張先の金沢で失踪した夫の南原宏治の行方を追って、東京から金沢に向かう。上野駅から、上越・北陸線まわりの金沢行き「北陸」に乗る。四人掛けの席には付添い役の、夫の同僚（野々浩介）が座る。この同僚は旅慣れているらしく、座席を確保するとすぐにボストンバッグから新聞紙に包んだスリッパを取り出して、靴と履きかえる。

さらには、空気枕を取り出し、これをふくらませて椅子の肘掛けのところに置き、さっそく横になって眠る（目の前に美しい久我美子がいるというのに！　気取らない気のいいおじさんといえようか）。

空気枕で思い出すのは、小津安二郎監督の『東京物語』（一九五三年）。尾道の両親（笠智衆、東山千栄子）が、東京に行くために旅仕度をする。

笠智衆はさかんに奥さんの東山千栄子に「空気枕をどこに入れたか」と聞く。この時代、夜行列車での長旅には、空気枕が必需品だったようだ。とくに老人にはそうだったろう。

東山千栄子がボストンバッグに荷物を入れてゆくのも懐かしい。この時代、旅行というとボストンバッグだった。

夜行列車の中の人間ドラマ

夜行列車には恋人たちも乗る。

成瀬巳喜男監督の『乱れる』（一九六四年）では、美しい未亡人、高峰秀子が、亡夫の家（静岡県清水市の酒屋）に居づらくなり、故郷の山形県新庄へ帰ることになる。

上野駅から北に向かう奥羽本線の夜行に乗る。彼女を慕う義弟の加山雄三が、あとを追って同じ車両に乗り込む。車内は混んでいて並んで座れない。離れた席しかない。

しかし、東北に入って車内は少しずつ空いてくる。そのたびに加山雄三は席を替えて、高峰秀子に近づいてゆく。この接近の過程が、年上の女性への思慕がこもっていて愛らしく、ユーモラス。夜汽車は恋のよき舞台になった。

夜汽車では偶然、隣り合わせた者どうしが親しくなる。

菊池寛原作、木村恵吾監督のメロドラマ『心の日月《じつげつ》』（一九五四年）では、若尾文子が恋人の菅原謙次を追って、岡山から東京行きの夜行列車に乗る。

隣り合わせたのは、粋な水商売風の女、水戸光子。若尾文子が一人旅で心細そうなのを見て、気さくに話しかけるだけではなく、カバンのなかから、次々にチョコレート、ミカン、サンドイッチと取り出すのが愉快。夜行列車の中では、なんでもないものがおいしい。

非日常の空間だからだろう。

寅さんを泣かせる夜行列車

現在、数少なくなった寝台夜行列車に東京駅から、出雲、四国方面に行く「サンライズ瀬戸・出雲」がある。夜の十時に、東京駅を出て、朝、岡山駅に着く（駅のメロディ、「瀬戸の花嫁」が迎えてくれる）。岡山で出雲に向かう列車と、高松に向かう列車に分かれる。

恩田陸のミステリ『三月は深き紅《くれない》の淵を』（講談社、一九九七年）では、東京で編集者をしている四十代と三十代の二人の女性が、思い立って出雲へ旅に出る。東京駅発の夜行に乗る。女性どうしの旅。

働く女性たちの夜行列車の旅は、酒がないと始まらない。先輩の女性は、そうとうな酒好き。酒のつまみを大量に持ち込む。ビールだけは冷えたのがいいと、発車間際にロング缶を仕入れてくる。

「いやあ、実はさあ、今日のことけっこう楽しみにしてたのよ。夜行列車で山陰へ、なんて修学旅行みたいじゃない？」

働く女性たちは夜行列車で酒を楽しむ。女性の時代ならではのいい光景だ。

夜行列車は早くからあった。明治二十二年（一八八九）に、東海道鉄道（のちの東海道本線）の新橋―神戸間が全通した時、上り下りの夜行列車（約二十時間かかった）が走ったのが最初。

鉄道を描いた有名な絵に、赤松麟作《あかまつりんさく》の《夜汽車》（明治三十四年）がある。夜汽車の三等列車に乗った乗客たちを描いている。

眠りこんだ子供を膝に抱えた女性。キセルに火をつける老人。立って車窓の風景を眺める老人。向かいあって話をする二人の男。夜汽車に乗り合わせた人々を描いている。三等車にくつろぐ庶民の様子がよく出ている。知らない者どうしが乗り合わせ、いっときのくつろぎを得る。

山田洋次監督の『男はつらいよ』シリーズの第十一作『寅次郎忘れな草』（一九七三年）では、渥美清演じる寅が、とらやの面々に、珍しくしんみりと夜行列車の寂しい旅情を語る。

夜汽車のなかで少しばかりの乗客が眠ってしまったあと、寅一人が眠れない。窓の外を見ると、遠くにぽつん、ぽつんと灯りが見える。

「ああ、あんなところにもひとが暮しているのか、汽車の汽笛がボーッ、ピーッ、そんなとき、そんなときよ、ただもう訳もなく涙がぽろぽろこぼれてきやがる」

こんな「涙」も、いまではもう見られなくなってくる。

VI 子供の遊びと学校

紙芝居が町にやって来た

『黄金バット』で大人気に

昭和を代表する写真家、木村伊兵衛に紙芝居を撮った懐かしい写真がある。東京の下町、月島（中央区）の通りに自転車でやってきた紙芝居のおじさんが、これから店を開こうとしている。

子供たちが集まってきている。待ち切れずに紙芝居をめくっている子供もいる。男の子たちはたいてい坊主頭。女の子もいるし、赤ん坊を抱えた母親もいる。

昭和二十九年（一九五四）に撮影されている。前年の二十八年にはテレビ放送が始まっている。やがて紙芝居はすたれてゆくから、この写真は、消えゆく紙芝居の最後の頃をとらえているといえるだろう。

一枚一枚手描きの紙芝居

戦後、娯楽の少なかった時代に、紙芝居は子供たちにとって数少ない楽しみだった。「町に紙芝居がやってくる」のを子供たちは待っていた。

昭和二十六年（一九五一）に公開された成瀬巳喜男監督の『銀座化粧』に紙芝居が出てくる。

田中絹代演じる主人公は、女手ひとつで子供を育てながら銀座のバーで働いている。銀座の東、新富町（中央区）あたりに住んでいる。まだ瓦屋根の木造家屋が並ぶ下町である。新富町界隈は奇跡的に空襲の被害が少なかった。

町の横丁に紙芝居がやってくる。自転車の荷台に、木の箱を置き、それを舞台に見立て厚紙に描かれた絵を一枚一枚めくって見せてゆく。太鼓を鳴らしながら、無声映画の弁士のように物語を語ってゆく。

おじさんは水飴などの駄菓子を売る。これがいわば木戸銭、紙芝居代になる。飴を買わない（買えない）子供は、ただ見になるから遠慮して、遠くから見る。

『銀座化粧』には、もう一ヶ所、紙芝居のおじさんが店を開く前に、太鼓を叩きながら横丁を歩く姿がとらえられている。太鼓の音を聞いて、あちこちから子供が集まってくる。

この時代、いまに比べると、町には子供がたくさんいたことが分かる。だから街頭紙芝居という子供相手の商売が成り立った。

成瀬巳喜男は庶民の暮しを丁寧に描くのが好きだった。昭和二十七年（一九五二）の作品『おかあさん』は、田中絹代演じる母親が、夫を亡くしたあとクリーニング店を引き継いで、子供たちを育ててゆく家庭劇。

舞台は大森あたり。この町にも紙芝居がやってくる。自転車の荷台の〝舞台〟で、集まってきた子供たちに絵物語を見せる。

紙芝居画家だった評論家、加太こうじの『紙芝居昭和史』（立風書房、昭和四十六年。のち岩波現代文庫）によると、戦後、紙芝居は一気に普及していったという。昭和二十五年（一九五〇）には全国で五万人もの紙芝居屋がいた。

「百人ほどの画家によって描かれた肉筆の絵は東京から東海道を徐々にくだって絵のあるだけの説明者をふやして昭和二十五年へかけては九州にまで到達する」

紙芝居は肉筆で一組しか作られない。子供の遊びとはいえ、実は、手間がかかっている。手作業で作られる。一組を順番に回してゆく。のちに漫画家として有名になる水木しげるや白土三平は、無名時代に紙芝居を描いていた。

紙芝居「製作所」

紙芝居の誕生は昭和初期。

はじめは、紙人形を使った芝居を見せていたが、それが絵物語に変わっていった。そのほうがスピーディで子供に喜ばれた。

昭和五年（一九三〇）には、大衆文化史上、よく知られている『黄金バット』（鈴木一郎作、永松武雄絵）が大人気になり、紙芝居という職が定着した。

紙芝居の内容は、冒険活劇、怪談、少女ものなどが主。映画『銀座化粧』の紙芝居の場面には、女の子たちも紙芝居を見ている。母ものなどに涙を流していたのだろう。

加太こうじは大正七年（一九一八）、浅草の生まれ。のち荒川区の尾久《おぐ》に移った。高等小学校の生徒だった十四歳の頃から紙芝居を描き始めたというから驚く。

紙芝居を作る「製作所」は大半が東京の下町にある小さな会社だった。「できてはつぶれ、つぶれてはまたできた」。そういう零細企業だから、十四歳の少年でも絵がうまければ、雇ってもらうことが出来た。

加太こうじ少年はある時、荒川区の三河島の長屋にある小さな「製作所」を訪ね、「紙芝居の絵を描かせてください」と頼んだ。描いてきた二枚の絵を見せると、主人が「ふーん、まあ使えるかな」と雇ってくれた。昭和のはじめのこと。下町では庶民どうしが助け合って生きるという暮しが自然にあったのだろう。

少年だから画料は安かったが、それでも仕事はあった。「私のような子どもが、へたな絵で一家五人を食わせられるほどの収入があった」

三年間ほどで十数軒の製作所を描いてはやめ、やめさせられるとまた新しいところを探して描く。「そんなことをくり返しているうちに、少しうまくなって、紙芝居では人気のある作者兼画家になってしまったのである」

昭和十年(一九三五)から十一年は、紙芝居の全盛期だったという。

だからだろう、大正十二年(一九二三)、浅草生まれの池波正太郎は、随筆「私の夏」(『日曜日の万年筆』昭和五十五年)で、子供の頃、紙芝居に惹かれ、自分で紙芝居を作ったと回想している。

「ワラ半紙を買って来て四つ切りにして、筆と墨で描き、クレヨンで色をつけ、(友達と)たがいにやって見せる」

ロビン・フッドの冒険やキング・コングを紙芝居にしたという。

下町の庶民文化

昭和二年(一九二七)、港区生まれの北杜夫は長篇小説『楡家の人びと』のなかで、昭和のはじめ、小学校に上がる前の子供(自身の子供時代だろう)が、紙芝居に惹かれる様子を描いている。周二というその青山の大病院の子供は、夕方になると町にやってくる紙芝居に夢中になる。

紙芝居の拍子木の音を聞くと、大勢の子供が集まってくる。一銭銅貨を差し出して紅白のねじり飴を買う。紙芝居が始まる。「さあて、そのとき現われたのは、正義の怪人、黄金バット!」

子供たちは夢中になる。しかし、周二は「不幸」だった。一銭もお金を持っていないから。おじさんに「さあ、飴を買わない子はうしろ、うしろ」と押しのけられてしまう。周二がお金を持っていないのは、学齢前ということもあるが、何よりも良家の子供だったため。当時、山の手の良家の子供は、こづかいを持たされないのが普通だった。「買い食い」が行儀の悪いこととして禁じられていた。

紙芝居は、下町の庶民の子供たちが楽しむものだった。青山の大病院の子供である「お坊ちゃん」は本来、見てはいけないものだった。荒川区の町屋は、紙芝居が多かった町として知られているが、戦前も戦後も、紙芝居は下町の庶民文化だった。

この紙芝居もやがて昭和三十年代になると次第に世の中が豊かになり、子供の興味が、漫画本や映画、そしてテレビへと移ってゆくと共に、町角から消えていった。初期のテレビが「電気紙芝居」と呼ばれたことに、かすかにその名残りが感じられる。

修学旅行

時節に左右された行き先

『二十四の瞳』に描かれた修学旅行

まだ旅行が一般的ではなかった時代、子供にとって大きな楽しみだったのは、遠足とそして修学旅行だった。

修学旅行は泊まりがけだから、小学校の高学年や、中学、高校になってはじめてゆくことが出来る。

明治のなかごろに教員を養成するための師範学校が始まった。当初は、軍隊の行軍に倣った鍛練の性格が強かったが、次第に見聞を深めるための旅行へと変わっていった。

大正から昭和にかけて、全国の学校に広まっていった。小学生も出かけるようになる。

壺井栄原作、木下恵介監督の『二十四の瞳』（一九五四年）は、小豆島の小学校（分校）の高峰秀子演じる大石先生と十二人の生徒の物語だが、この映画のなかに修学旅行の場面がある。

六年生の秋、子供たちが先生に引率されて修学旅行に行く。昭和十年頃。小豆島から船で四国に渡り、金毘羅宮《ことひらぐう》、屋島、高松の栗林《りつりん》公園と巡る。船の中では、〽金毘羅《こんぴら》、船、船……と歌を歌う。男の子は学生服、女の子はセーラー服。この日のために新しく靴を買ってもらった子供もいる。

この時代、小学校を出ると働きに出る子供が多かったから、修学旅行は子供時代の最後のいい思い出になった。

壺井栄の原作を読むと、例年だとお伊勢参りをするのだが、満洲事変（昭和六年）、上海事変（昭和七年）と次第に戦時色が強まってきている時節柄、近くの金毘羅宮に決まった、とある。四国の名所である。

村の小学校に通う子供たちの家は貧しい。八十人いる生徒のうち、修学旅行に行けたのは六割だった。それも、一泊旅行ではなく、朝、船で出て、晩の船で戻るという日帰りの強行軍。弁当を三食持ってゆく。

途中、大石先生は、高松のうどん屋で、家が貧しく、小学校を途中で辞めて働きに出た教え子の女の子に会い、心を痛める。

この子供が、修学旅行を楽しんでいる同級生たちを乗せた船を遠くから一人、見送り、泣き崩れる姿は悲しい。

女学生のお目当てはデパート

それに比べると、ミッションスクールに通う女学生たちは恵まれている。昭和十二年（一九三七）に出版されて大ベストセラーになった石坂洋次郎の『若い人』は、実在の函館のミッションスクールをモデルにしている。

この私立の女学校では、五年生（現在の高校二年生）の秋、毎年、修学旅行が行なわれる。函館から、東京、鎌倉、名古屋、京都、大阪、伊勢とまわる。飛行機のない時代、八日間の大旅行になる。

東京に着くと十三台もの「遊覧自動車」で市内見学に出発する。まず行くのが皇居というのが、この時代らしい。

さらに靖国神社、明治神宮、乃木大将邸、泉岳寺と巡る。堅いところばかりでさすがに女学生には疲れる。

ようやくお目当ての、日本橋の三越デパートにたどり着いて元気が出る。楽しみにしていた「自由散策」を許されて、女学生たちは大喜びでデパートのなかへ入ってゆく。

やはり女学生には神社やお寺より、デパートのほうが楽しい。

鎌倉、箱根は人気の旅行先

昭和十七年（一九四二）に公開された小津安二郎監督の『父ありき』でも修学旅行が描かれる。

父親（笠智衆）は金沢の中学校で先生をしている。秋、四年生（現在の高校一年生）を連れて修学旅行に行く。

先生の笠智衆は数学の授業を終えると、修学旅行の日程を説明する。待っていましたと生徒たち（男子）は大いに沸く。

東京で「まず、宮城遥拝」、続いて、明治神宮と靖国神社を参拝。このあと、鎌倉、江の島、箱根と巡る。生徒たちにとっては、鎌倉からが楽しい旅行だろう。大仏の前では記念写真を撮る。

箱根山を〽箱根の山は天下の険《けん》……と歌いながら登り、夜、芦ノ湖畔の宿に泊まる。生徒たちは、お喋りをしたり、家へ葉書を書いたり、あるいは、足に出来たまめをつぶしたりしてくつろぐ。先生たちは碁を打っている。

楽しい筈の修学旅行だが、このあと、芦ノ湖でボート遊びをしていた生徒が事故死してしまう。修学旅行では事故が怖かった。

旅館はてんてこまい

戦争が激しくなると修学旅行は中止される。

戦後、復活し、世の中が落ち着いてくると修学旅行は以前より盛んになる。井伏鱒二の『駅前旅館』（昭和三十二年）は、上野駅前の旅館の番頭を主人公にしている。大勢でやってくる生徒たちはお得意様。当時、東京の旅館がいかに修学旅行の生徒でたてこんでいたか。こう書かれている。

その日はまず、前の晩に泊まった広島県福山の高校の生徒たちが百人あまり、夜明けと共に帰ってゆくと、入れかわりに九州の若松の定時制に通う生徒が四十人あまり到着。そこへ青森の中学生が百人あまり、さらに大阪の高校生が七十人あまりと続く。

宿の人間は大忙し。それだけ、世の中にゆとりが出てきた証しでもあるだろう。

三島由紀夫に「修学旅行」（昭和二十五年）という短篇がある。島（伊豆大島あたりと思われる）のホテルを舞台にしている。このホテルはこのところ営業不振で支配人はやむなく修学旅行を受け入れる。

東京の中学生の修学旅行だが、決まってガラスや花瓶が割られ、シーツが汚され、他の客からは眉をひそめられる。悪童たちの団体を相手にするのは大変なことだったろう。

村松梢風原作のオムニバス映画『女経』（一九六〇年）の第三話『恋を忘れていた女』（吉

村公三郎監督）では、主人公の京マチ子が京都の旅館のおかみ。もともとは芸者で老舗旅館に嫁いだ。

経営の才能があり、修学旅行専門の旅館にした。老舗の旅館としては格が落ちるが、そのほうが商売になるという。高度経済成長期ならではだろう。

修学旅行を我慢する娘

『二十四の瞳』では修学旅行に行けない子供が描かれたが、戦後になっても、同じようなことは起こる。

畔柳二美《くろやなぎふみ》原作、家城《いえき》巳代治《みよじ》監督の『姉妹』（一九五五年）は、山のなかの発電所を舞台にした一家の物語。父親（河野秋武）は発電所の技師。娘二人は親戚の家に下宿し、町（松本あたりか）の女学校に通っている。恵まれている。

妹（中原ひとみ）の学年が修学旅行に行くことになる。楽しみにしていると、父親が旅行に行くことに反対する。なぜか。

発電所では不景気のために人員整理をしている。昔気質の父親としては、仲間が苦しんでいるときに、自分の家だけが娘を修学旅行に出すわけにはゆかないという。

はじめは「なぜ、私が行けないの」と釈然としなかった娘も、父親の思いに触れて、納得し、修学旅行をあきらめる。我慢する。昭和の子供はけなげだった。

オルガン

小学校の各教室に

オルガンを弾く女の先生

ピアノの普及によって近年すっかり見なくなってしまったのがオルガン。私などの小学生時代と言えばオルガンが憧れの楽器だった。音楽の時間には、先生がオルガンを弾き、それに合わせて唱歌や童謡を歌った。

オルガンを弾くのは女の先生が似合った。

戦後、大ヒットした青春映画、石坂洋次郎原作、今井正監督の『青い山脈』（昭和二十四年）には、オルガンを弾く女の先生（正確には元）が出てくる。馬野都留子《まのつるこ》という脇役の女優が演じている。

夫（藤原釜足）は女学校の先生をしている。ある夜、宿直をしていると奥さんの馬野都留子が弁当を届けに来る。夫に弁当を渡したあと、彼女はひとり、夜の誰もいない教室に行く。

そして、オルガンを弾き始める。「鉄道唱歌」や「荒城の月」。この奥さんは、結婚するまで学校の先生をしていた。だから、学校に来ると小学校で教えていた、いろんな歌を思い出すのだという。

新藤兼人監督『原爆の子』(昭和二十七年)の乙羽信子は広島の幼稚園の先生。原爆によって教え子を何人も失い、自分も被爆した。戦争が終わって七年目の夏、身体がよくなった先生は園児たちの消息を確かめようと、久しぶりに広島の町を歩く。

炎天下の町を歩きながら、原爆投下の日を思い出す。その朝、先生は幼稚園でオルガンを弾いた。「お山の杉の子」。先生のオルガンに合わせて園児たちが歌う。

〽むかし むかしの そのむかし……そのとき、閃光が――。

日本の歌に合う足踏みオルガン

オルガンは文明開化の時代に西洋から入ってきた。宣教師がもたらした。

戦時中の子供たちに歌われた、島崎藤村作詞「椰子の実」の作曲家として知られる大中《おおなか》寅二《とらじ》(一八九六―一九八二)は教会のオルガニストだった。

甥の作家、阪田寛夫の『足踏みオルガン』(昭和五十年)はこの楽器を愛した大中寅二を描いている。ちなみにオルガンの正式名は「足踏みオルガン」(リードオルガン)。

戦時中「国民歌謡」としてラジオで放送されてから「椰子の実」は広く愛唱されるようになり、作曲家の大中寅二の名も知られるようになった。大中はクリスチャンで、戦後も長く教会オルガニストであり、聖歌隊の指揮者でもあったという。

『足踏みオルガン』によれば、オルガンは十九世紀のヨーロッパで生まれたもので、パイプ・オルガンより新しい。大中寅二は、シンプルな足踏みオルガンのほうが、流麗華美で日本の歌には合っていると考えていたという。

赤井励『オルガンの文化史』(青弓社、平成七年)によると、明治のはじめに日本にオルガンを持ち込んだのはキリスト教の宣教師で、やがて「讃美歌」と「唱歌」が一体となることでオルガンは普及していった。だから、唱歌の作曲家の多くは教会オルガニストの経歴を持っていた。

荒くれ男の心に届く讃美歌

オルガンは教会を中心にして急速に普及してゆく。

作家、庄野至の『異人さんの讃美歌』(編集工房ノア、二〇一一年)の表題作は、後年、大阪の帝塚山学院の校長を務めた父親の回想記。父親は明治二十年(一八八七)に徳島県の小さな村で生まれている。

十五歳の頃、徳島の師範学校の生徒だったある日、クリスチャンの友人に連れられて、徳島キリスト教会に行った。

「そして旧《ふる》い栗色のオルガンで伴奏される讃美歌は、心が洗われる思いがした」

教会で聴く、オルガンで伴奏される讃美歌によって少年に新しい世界が開けてゆく。

黒澤明脚本、谷口千吉監督のアクション映画『ジャコ万と鉄』（昭和二十四年）は、北海道のニシン漁で働く男たちを描いている。

気のいい荒くれ男、三船敏郎は、町の教会でオルガンを弾く美しい久我美子に憧れる。暴れん坊の心にも讃美歌が届いた。

子供時代の思い出はオルガンと共に

『オルガンの文化史』によれば、明治末、日露戦争の頃にはもう全国の小学校に広く足踏みオルガンが導入されていたという。

それで思い出されるのは、当時、埼玉県の羽生《はにゅう》の町で小学校の先生をしていた青年の短い生涯を描いた田山花袋の名作『田舎教師』（明治四十二年）。

主人公の清三は羽生の在にある村の小学校の先生になる。子供たちにオルガンで唱歌を教える。

音楽好きで、時には、自分で歌を作り、オルガンで弾く。オルガンが慰めになっている。

「学校には新しいオルガンが一台購《か》ってあった」とある。小さな村の小学校にもオルガンがある。普及の広さ、速さがうかがえる。

オルガンは子供と共にあった。小学生時代の思い出はいつもオルガンと結びつく。明治四十二年（一九〇九）生まれの作家、大岡昇平の回想記『少年 ある自伝の試み』（昭和五十年）には、大岡少年は東京の渋谷の小学校に入ってはじめてオルガンを聴き、〽菜の花畠に入日薄れ……と「朧月夜」を歌ったとある。

子供時代の思い出はオルガンと共にある。

神風特攻隊の最後の日々を描いた家城巳代治監督の秀作『雲ながるる果てに』（昭和二十八年）では、オルガンが心に残る。

学徒兵たちは特攻隊の基地（鹿児島県知覧《ちらん》）にある町の小学校を宿舎にしている。ある休日、彼らは小学生たちと一緒に、女の先生（山岡比佐乃、のち久乃）の弾くオルガンのまわりに集まってくる。

学徒兵のひとり（清村耕次）が、「自分も弾きたい」とオルガンに向かい、「箱根八里」を弾く。決してうまくはないが、子供たちも女の先生もオルガンに合わせて歌ってくれる。死を目前にした学徒兵たちがつかのま、童心に帰る。

最後、彼らが出撃していったあと、女の先生は、若い魂を慰藉《いしゃ》するように「箱根八里」

をオルガンで弾く。子供たちはそれに合わせ一生懸命、〽箱根の山は天下の険、と歌う。

オルガンが人の心を慰めた時代

オルガンは戦後の日本映画で輝いていた。

木下恵介監督の『カルメン故郷に帰る』(昭和二十六年)は日本最初の本格的カラー映画として知られる。

この映画でもオルガンが大事に描かれている。浅間山の見える群馬県の北軽井沢あたり。村に住む音楽家(佐野周二)は、小学校の音楽の先生だったが、戦争で失明してからは家に引込んでいる。楽しみはオルガンで自分の作った歌を弾くこと。

ところが、村の強欲な金貸しにその大事にしていたオルガンを取られてしまう。ちょうど故郷に帰ってきていた、頭は少し弱いが気のいいカルメン嬢(高峰秀子)は、それを知り、村でストリップショウを開く。稼いだ金で音楽家のためにオルガンを取り戻す。

最後、美しい村にまた先生の弾くオルガンの音が聴えてくる。

まだピアノなど夢だった時代、オルガンが人の心を慰めていた。

川で泳いだ夏の日

懐かしい川辺の夏スケッチ

絶好の夏の遊び場

昔の子供たちはよく川で泳いだ。プールなどない時代、川は絶好の夏の遊び場だった。川の水はまだきれいだった。

宮沢賢治の『風の又三郎』（昭和はじめ頃）では、谷川の岸にある村の学校に転校してきた又三郎が、村の子供たちに誘われて、授業のあと、川に泳ぎに行く。

そこは、もうひとつの谷川が流れ込んできて少し広い河原になっている。そのすぐ下流は大きな木の生えた崖になっている。自然のプールのようなところ。六年生の一郎が先頭になって川へ向かって走る。

「一郎やみんなは、河原のねむの木の間をまるで徒競走のように走っていきなりきものをぬぐとすぐどぶんどぶんと水に飛び込んで両足をかわるがわる曲げてだぁんだぁんと水をたたくようにしながら斜めにならんで向う岸へ泳ぎはじめました」

小さな学校のすぐそばを渓流が流れている。授業が終わると、子供たちはまっしぐらに川へ行き水に飛び込む。昭和の子供たちの元気が伝わってくる。

川では泳ぐだけではない。子供たちは「石取り」をする。一郎が、崖の上の木にのぼって上から白い円い石を、淵のなかへ落とす。それを見て「みんなはわれ勝ちに岸からまっさかさまに水にとび込んで青白いらっこのような形をして底へ潜ってその石をとろうとしました」。川に潜って、石を取ってくる遊び。子供たちは、遊びを工夫している。

ふんどし一つで川遊び

戦後の子供たちに人気があったのはＮＨＫのラジオドラマ「三太物語」（青木茂原作）。「おらあ、三太だ」の元気な子供の声で始まる。小学生の三太は、川のそばに住む、川で泳ぐのが大好きな川っ子。

泳ぐだけではない。釣りも得意で、アユを釣ったり、ウナギを捕まえたりする。

三太が泳ぐ川は、神奈川県の相模湖に近いところを流れる道志川。山中湖から流れ出て津久井湖を経て相模川に合流する。大きな川ではないが、水質がいい。

夏の一日、雨があがると三太はもうじっとしてはいられない。

「朝までふった雨があがった。道志川は水のすむのが早い。水かさはまだおおいが、昼ごろには、ガラスののぞき箱で川底が見えるくらいになった。日はかんかん照りだし、子どもたちは、もう家にいられない。おらは、ふんどし一つで、ガラス箱、小さなタケびく、みじかいやすという、いつもの手なれた道具をひっさげて、めしを食べおえるやいなや、とびだした」

「ふんどし」が時代をあらわしている。『風の又三郎』の子供たちも、おそらく「ふんどし」で泳いでいるだろう。

ガラス箱、タケびく、やすを持っているのは川で魚を捕まえるため。遊びと実用を兼ねている。

ラジオドラマ「三太物語」は好評だったので、そのあとすぐに映画になった。『三太物語』（丸山誠治監督、一九五一年）、『花荻先生と三太』（鈴木英夫監督、五二年）、『三太と千代の山』（小田基義監督、五一年）、『三太頑張れッ！』（井上梅次監督、五三年）と四本も作られた。『三太と千代の山』には当時の人気横綱千代の山が出演して話題になった。

川で泳ぎ、魚を捕まえる。川っ子の姿が、都会っ子には羨ましかった。後年、一九九〇年代に、三太の故郷、神奈川県津久井町（現在、相模原市緑区三ケ木《みかげ》）に行き道志川を見た。原作者の青木茂が泊まって『三太物語』を書いたという旅館が道志川のそばにまだ残っていた。私と同世代のおかみさんは子供時代には三太と同じように川でよく泳いだ、アユがあふれ、子供でも捕まえることが出来た、それを開いて、日に焼かれ熱くなった川原の石の上にのせて食べた、と思い出を話してくれた。いま、こんな川の暮しが消えつつある。

多摩川で泳ぐ

室生犀星原作、成瀬巳喜男監督の『あにいもうと』（一九五三年）は多摩川べりの農村に生まれ育った兄（森雅之）と二人の妹（京マチ子と久我美子）の物語。映画の冒頭、夏の多摩川で子供たちが泳ぐ場面がある。

石ころだらけの河原から川に入る。深さは膝くらいまでだから、泳ぐというより水遊びだが、夏の日ざしのなか、子供たちは楽しそうだ。三太と同じようにこのころも子供たちはふんどし姿。

室生犀星の原作は昭和九年（一九三四）に書かれている。成瀬の映画はそれから二十年近くたって作られているが、まだ多摩川で子供たちは泳ぐことが出来た。時間がゆっくりしている。

そういえば、杉並区の阿佐谷で育った私も小学生の時に、多摩川で泳いだ記憶がある。昭和三十年頃。まだ川はきれいだった。

成瀬巳喜男監督の昭和三十五年（一九六〇）の作品『秋立ちぬ』にも若者が多摩川で泳ぐ場面がある。

銀座に近い新富町あたりの八百屋の息子、夏木陽介が、カブトムシを取りたいという小学生のいとこ（大沢健三郎）をオートバイに乗せて多摩川に行く。大田区あたり。少年が雑木林でカブトムシを探しているあいだ、自分は多摩川で泳ぐ（さすがにもうふんどしではなく水泳パンツ）。昭和三十年代のなかばまで、都心に近い多摩川で泳げた。

川遊びのあとのお楽しみ

岡本かの子の昭和十一年（一九三六）の作品『渾沌未分《こんとんみぶん》』は水泳の好きな少女を主人公にしている。

父親は青海流という古式泳法の先生。娘を水泳が上手くなるように子供の頃から厳しく育てた。

父親の水泳場は隅田川にあった。大正時代にはまだ隅田川で充分に泳げた。ところが、東京の町が開けてゆくうちに、隅田川の水は汚れてしまい、父親は仕方なく水泳場の場所を東へ、東へと移してゆく。

現在の江東区に多くあった掘割《ほりわり》を転々とする。しかし、昭和になると、工場が増えてゆき、その掘割も汚れる。とうとう、当時の東京の東を流れる荒川（昭和はじめに完成した放水路）にたどり着く。隅田川から荒川へ。東京の発展と共に、泳げる川が少なくなっていることが分かる。

荒川は人工の放水路だが、川幅は広く、自然の大河のように見える。水泳好きの少女にとっては、荒川が格好の水泳場になる。

水泳大会の日、少女は、現在の江東区砂町あたりから荒川に入ると、下流へ、東京湾へと向かって泳ぎ出す。川がいつしか海へ溶け合い、渾沌未分としてくる。広々とした水のなかにこの小初という少女ひとり。

「小初はどこまでもとこまでも白濁無限の波に向って抜き手を切っていくのであった」

夏、川は人を呼ぶ。

石坂洋次郎原作のオムニバス映画『くちづけ』（一九五五年）の第二話『霧の中の少女』（鈴木英夫監督）は夏の若者たちの物語。

東京の大学に入った女学生（司葉子）が、夏休み、故郷の会津に帰る。妹（中原ひとみ）や弟（伊東隆）たちと近くの川に泳ぎにゆく。田園のなかを流れる清流。泳ぎ疲れると河原の木かげでみんな一緒に川で冷やしたスイカを食べる。川遊びのあとの冷えたスイカのおいしいこと。

「夏河を越すうれしさよ手に草履《ぞうり》」（蕪村）

合唱の楽しさ

仲間が集うと、歌が始まる

バスの中での合唱

カラオケのない時代、若者や女性たちはよく合唱を楽しんだ。家のなかで、観光旅行の列車やバスのなかで、ハイキングの途中で。楽しい時は、誰かひとりが歌い始めると、仲間がそれに続く。

高峰秀子の子役時代の作品、井伏鱒二原作、成瀬巳喜男監督の『秀子の車掌さん』（一九四一年）では、高峰秀子演じる少女は、甲州の田舎町を走るバスの車掌。

ある好天の休日、東京から女学生たちがハイキングにやってくる。セーラー服に丸い帽子、リュックサック。バスに乗るや、すぐに行楽気分になって歌を歌いだす。

〽ララララ　紅い花束　車に積んで

春が来た来た　丘から町へ

当時、女学生のあいだで流行った「春の唄」（喜志邦三作詞、内田元作曲）。戦時色とはまるで縁のない、花があふれる春の讃歌。女学生がハイキングの時に歌うのにふさわしい。清潔で、春＝青春の喜びにあふれている。

〽ビルの窓々　みな開かれて
若い心に　春が来た

バスのなかで歌われるのは困るのだが、女学生たちがあまりに楽しそうなので、秀子の車掌さんは何もいえなくなってしまう。

子供の誕生会でも合唱

誕生会が盛んになったのは戦後、ようやく日本人の暮しが落ち着いてからだろう。

小林正樹監督の第一作、林房雄原作、昭和二十七年（一九五二）公開の『息子の青春』は、鎌倉に住む作家（北竜二）の家族を描いたホームドラマ。

息子（石濱朗）は高校生。そろそろ女の子が気になる思春期にあり、心優しい母親（三宅邦子）は、息子のために誕生会を開く。男の子たちだけではなく、女の子たちも招く。

バースデーケーキを囲んで、高校生たちはさっそく歌を歌う。

〽ハッピーバースデー　トゥ　ユー

みんなが楽しそうなので、台所にいる母親も、書斎にいる父親も思わずつられて、〽ハッピーバースデー。

カラオケがなかった時代の牧歌的風景になっている。

そのあと、高校生たちは二手に分かれてフォークダンスを始める。歌う歌は、〽あの娘の黄色いリボン

ジョン・フォード監督の西部劇『黄色いリボン』（一九四九年）の主題歌（アメリカのフォークソングが原曲、佐伯孝夫訳詞）。当時、日本でも大ヒットした。

男の子も女の子も、〽あの娘の黄色いリボン……と歌いながら、フォークダンスを踊る。

戦後、男女共学が普通になってからの青春風景。両親は羨ましそう。

陸軍士官と三姉妹とのシューベルトの合唱

小説にも合唱は登場する。

戦後、出版され大きな話題になった谷崎潤一郎の『細雪』。

芦屋に住む蒔岡《まきおか》家の美しい姉妹、次女の幸子、三女の雪子、四女の妙子は、初夏のある日、愛知県の海辺の町、蒲郡に遊びに行く。昭和十年代のこと。列車には陸軍士官が乗っている。

その士官がまずシューベルトの「セレナーデ」（『白鳥の歌』第四曲）を歌う。恥ずかしそ

うに、慎み深く。
〽しめやかに闇を縫う 歌のしらべ
続いて同じくシューベルトの「野薔薇」を歌い始める。
〽童《わらべ》は見たり 野中の薔薇
士官が歌うのを聴いていた三姉妹は、知っている曲なので、一緒に歌いだす。
「彼女達は、誰が唄い出すともなく、士官の唄うのにつれて口のうちで跡をつけていたが、だんだん声が大きくなって、士官の声に和し始めた」
陸軍士官とお嬢さんたちが、シューベルトを合唱する。日中戦争下とは思えないたおやかさが生まれる。女性文化を愛した谷崎ならでは。

登山ブームと山の歌、労働歌

小津映画にもよく合唱が出てくる。『お茶漬の味』（一九五二年）。木暮実千代演じる有閑夫人は、ある時、夫（佐分利信）を家に置いて、友人たち（淡島千景、上原葉子）と温泉に羽根をのばしに行く。

伊豆修善寺温泉の老舗、新井旅館。

小さなクラス会のようなもの。酒が入っていい気持になった彼女たちは、昔、よく歌った歌を歌いだす。

〽すみれの花　咲く頃

戦前の宝塚のヒット曲「すみれの花咲く頃」（原曲はドイツ語で作詞は白井鐵造）。皆さん、若い頃は宝塚少女だったようだ。『秀子の車掌さん』で「春の唄」を歌った女学生たちの大人になった姿かもしれない。

昭和三十年代は登山ブームだった。若者たちはよく山へ登った。そして「山の歌」を歌った。小津安二郎監督『小早川家の秋』（一九六一年）では、宝田明演じる大阪の大学の助手が、助教授になって札幌の大学に行くことになる。山登りの仲間たちが送別会を開く。彼のことが好きな女性、司葉子も加わる。

その会で皆が自然に歌いだすのは「雪山讃歌」（アメリカ民謡、西堀栄三郎作詞）。

〽雪よ岩よ　われらが宿り

当時、もっとも人気があった山の歌。いまのシニア世代は、若い頃、一度は歌ったことがあるだろう。

山の歌と並んで当時の若者たちによく歌われたのは労働歌。歌声喫茶や職場で歌われた。高見順原作、家城巳代治監督の『胸より胸に』（一九五五年）では、浅草の踊子、有馬稲子が、ある時、下町の工場で働く友人、久我美子の家に遊びに行く。

彼女は職場の仲間たちと合唱団を作っている。歌うのは、昭和三十年（一九五五）に労働者自身の手で作られ労働歌の定番となった「しあわせの歌」（石原健治作詞、木下航二作曲）。

〽しあわせはおいらの願い

工員たちが明るく合唱する姿は、労働運動が盛んだった昭和三十年代の希望をよくあらわしている。

若き日の吉永小百合の代表作、早船ちよ原作、浦山桐郎監督の『キューポラのある街』（一九六二年）では、中学生の吉永小百合が先輩（吉行和子）の働く工場を見学に行く。休み時間、工員たちが労働歌を合唱している。

〽苦しい時には 見つめてみよう

これも当時、人気のあった「手のひらのうた」（伊黒昭文作詞、寺原伸夫作曲）。「山の歌」の時代、「労働歌」の時代が確かにあったことが分かる。

合唱で楽しかったのは輪唱。グループに分かれ、少しずつ遅れて同じ歌詞を歌ってゆく。輪唱といえば、「静かな湖畔の森の影から」（スイス民謡ともアメリカ民謡ともいわれている。山北多喜彦作詞）。

〽静かな湖畔の 森の影から

芦川いづみ主演の青春映画、田宮虎彦原作、滝沢英輔監督の『祈るひと』（一九五九年）では、芦川いづみが友人たちと先生（内藤武敏）の家へ遊びに行き、〽カッコー、カッコーと輪唱する。見ていて思わず参加したくなる。

ガリ版が学校にあった頃

先生と生徒の絆

活字よりも安く、手早く

若い人はもう知らないかもしれないが、シニア世代には、ガリ版、あるいは謄写版《とうしゃばん》は、懐かしい印刷道具として記憶されている。

学校や職場などで日常的に使われていた簡易印刷機。

たとえば、昭和二十四年（一九四九）生まれの作家、北村薫は、父親の若き日を描いた『いとま申して「童話」の人びと』（文藝春秋、平成二十三年）のなかで、ガリ版のことを懐かしく書いている。

「我々が小学生の頃、先生が作ってくれるプリントは、ヤスリの上に置いた蠟原紙《ろうげんし》に鉄筆《てっぴつ》で書いて版を作り、印刷したもの、つまり謄写版――世間一般にはガリ版といっていたものである。知っている者には、今更、説明するまでもない。しかし、若い人は見たこともなかろう。鉄筆を使う時、ガリガリという音がするから、ガリ版というのだろう」

「いや小学生の頃――どころではない。我々が、大学生の時も、同人誌は、全て、このガリ版で作られていた」

間違いなく、ついこのあいだまでガリ版文化というものがあった。北村薫さんより少し上になる私などの世代も昭和三十年代にガリ版にはずいぶん親しんだ。

小学校で配られるプリント、作文集、宿題はたいていガリ版で刷られていた。私の大学生時代は学生運動が盛んだったが、校内で配られるビラはガリ版のものだった。試験を前にして、講義内容がガリ版で刷られて売られてもいた。授業をサボってばかりいる学生には有難かった。

活字よりも安く、手早く出来るので薄手の同人誌ならガリ版で充分だった。いま手元に、古本屋で手に入れた昔の映画の撮影用の台本がいくつかあるが、すべてガリ版である。映画界にガリ版は不可欠だった。

ガリ版文化は確かに日本文化を底辺で支えていた。ろう引きの原紙、鉄筆、印刷用のインク、ローラー……どれも懐かしい。鉄筆でろうを引いた原紙に原稿の字を一字ずつ刻んでゆく、「ガリを切る」という言葉も懐かしい。

貧しい学生の手頃な内職

志村章子『ガリ版ものがたり』(大修館書店、二〇一二年)によれば、ガリ版は日本で生まれたものだという。

明治二十七年(一八九四)に堀井新治郎、耕造親子によって考案された。役所や学校で使われるようになって広く普及した。謄写版という言葉は、役所の業務と関わりの深い戸籍謄本からとられた。

日本で生まれたのは、おそらく江戸時代に浮世絵など木版画の文化がすでにあったからその応用として考えられたのではあるまいか。ろう引きの原紙に鉄筆で字を刻む。いわゆる「ガリを切る」仕事の専門の人間を筆耕といった。

宮沢賢治は、若き日、東京に出て来た時に本郷にあった謄写プリントの会社で筆耕《ひっこう》の仕事をしていた。『ガリ版ものがたり』によれば、この会社では大正時代にすでに東大の講義内容をガリ版で刷って学生に売っていたという。知恵者がいたわけだ。

昭和に入ると、筆耕は学生の手頃なアルバイトになった(ちなみに「アルバイト」という言葉が使われるようになったのは戦後。それまでは「内職」)。

昭和の暗い青春を描いた田宮虎彦の短篇「絵本」(昭和二十五年)には、昭和戦前期の貧しい大学生が、生活費を稼ぐために「ガリを切る」仕事をしている様子が描かれている。

大きな病院で仕事を貰って来て下宿でガリを切る。一枚いくらの賃仕事で、量をこなすしかない。

田宮虎彦の「絵本」をはじめ「菊坂」「足摺岬」の三つの短篇を合わせた映画、新藤兼人脚本、吉村公三郎監督の『足摺岬』（一九五四年）では、昭和九年ごろの東京で暮す大学生、木村功が筆耕の内職をする。

町の小さな謄写版印刷所から仕事をもらってくる。大学におさめる文書らしい。下宿で夜、ガリを切る。やすり板の上にろう引き原紙を置き、鉄筆で字を書いてゆく。静かな室内に、鉄筆がやすりに触れるガリ、ガリという音がしてゆく。まさにガリ版。

簡単に出来そうだが、もちろん技術がいる。学生の内職ではなかなかうまくゆかない。出来上がった原紙を印刷所に持ってゆくと、主人に「このあいだのはなんだ、百枚も刷らないうちに破けてしまったぞ」と怒られてしまう。熟練になると、原紙がなかなか破けないのだろう。

先生と生徒の絆を結ぶ

ガリ版は学校教育の現場で広く使われるようになった。とくに戦後、民主主義の時代になると、学級新聞作りが盛んになり、ガリ版は子供にとっても親しいものになった。

昭和十五年（一九四〇）生まれの作家、林えり子は回想記『暮しの昭和誌』（海竜社、二〇〇九年）のなかで、小学校の時、先生がガリ版刷りをするのを手伝った思い出を懐かしく書いている。

「学校に手間暇かかる道具があって、それが先生と生徒の絆となったことを、忘れないようにしなくてはならない」

先生と生徒が一緒になってガリ版で文集を作る。山形県の山のなか（山元村、現上山《かみのやま》市）にある中学校の先生、無着成恭《むちゃくせいきょう》とその生徒たちの学級生活を描いた今井正監督の『山びこ学校』（一九五二年）では、ガリ版が活躍する。

無着先生（木村功）は子供たちの作文集を作ることを思いたつ。文集作りには子供たちが積極的に参加する。先生がガリを切る、男子生徒がローラーで刷る。女子生徒が刷り上がったワラ半紙を折って製本してゆく。

まさにガリ版が「先生と生徒の絆」となった。良き時代である。

このガリ版を悪用したふとどき者もいる。獅子文六原作、千葉泰樹監督の『大番』（一九五七年）では、ギューちゃん（加東大介）が若き日、ガリ版という便利なものがあるのを知り、役場のガリ版を拝借して、なんとラブレターを大量に印刷する。もちろん宛名のところは空欄。めぼしい女性に次々に付け文してゆく。ガリ版のこういう愉快な使い方もあったか！　昭和のはじめ、まだのどかな時代だった。

Ⅶ

食の風景

アルマイトの弁当箱

蓋の絵が子供に大人気

弁当箱を教室のスチームであたためる

弁当箱と言えばアルミニウム製だった時代があった。

大正十二年（一九二三）、東京浅草生まれの作家、池波正太郎は、小学生の頃の思い出を書いたエッセイ「弁当（A）」（『食卓のつぶやき』昭和五十九年）のなかで懐かしいアルミの弁当箱について触れている。

昭和のはじめ、東京の小学校にはスチームが入っていた。家庭ではまだ火鉢と炬燵だけが暖房だった時代に、教室にはスチームがあったのだから、子供たちは幸せだった。

このスチームを子供たちは、弁当をあたためるために使った。

「昼食の一時間ほど前に、アルミニウムの弁当箱の御飯の下へ水を入れ、これをスチームの上に乗せておくと、昼休みに、ちょうど御飯が熱くなってくる。その旨さは格別のものだった」

弁当箱をスチームの上に乗せておいてあたためる。これはアルミの弁当箱だから出来た。池波少年はさらに凝ったことをする。スチームで蒸しあげる弁当の場合、御飯とおかずを一緒にすると、御飯に味がついてしまう。

「そこで私は御菜《おかず》入れのアルミニウムの箱を自分の小遣いで買って来て、『御菜は、ここへ入れてくれ』と、母にいった」

食の作家としても知られる人だけに、子供の頃から、食べることに気を遣っている。「アルミニウムの弁当箱」と「御菜入れのアルミニウムの箱」。昭和のはじめ、アルミの弁当箱が普及していっていることが分かる。

昭和六年（一九三一）、東京生まれの映画評論家、秦早穂子は回想記『影の部分』（リトルモア、平成二十四年）のなかで、昭和のはじめ、小学生の頃の弁当の思い出を書いている。

「弁当箱の品質も、中身のおかずも、家庭によって全く違う。海苔とかつぶしの生徒もいたし、なぜか毎日、〝イクラ〟がおかずの地主の子もいた。その頃流行りだした、左右に留め金のついたおかず入れを持ってくる生徒もいた」

「左右に留め金のついたおかず入れ」は、池波正太郎の言う「御菜入れのアルミニウムの箱」と同じだろう。

これは、昭和三十年代、私の学生時代にもあった。そう言えば、われわれも、池波少年と同じように、冬になるとアルミの弁当箱を教室のスチームの上に置いたものだった。

昭和三十年代の生活風俗は、昭和戦前期から続いているものが多い。

アルミニウム製からアルマイトの弁当箱へ

最近、映画になった高井有一の長篇小説『この国の空』(新潮社、昭和五十八年)は、戦争末期の東京を舞台にしている。

妻子を田舎に疎開させた銀行員(長谷川博己)が、アルミの弁当箱を開くくだりがある。この時代だから、御飯に梅干が入っているだけのいわゆる日の丸弁当。

隣家の若い女性が、弁当を食べている銀行員を見て「アルミは献納しませんでしたの」と聞く。戦時中、金属製品は国に差し出さなければならなかったことを言っている。銀行員は「いや、献納するつもりだったんですがね。昔から日の丸弁当ばかり食べていたものだから、これ、この通り」と、弁当箱の蓋を取り上げて見せる。

「真中に梅干の酸のために腐蝕したらしい穴が明いていた」

アルミの弁当箱は酸に弱かった。そのために日の丸弁当ばかり続くと、梅干の酸のために蓋に穴があいてしまう。アルミの欠点だった。

穴があいた弁当箱はどこかユーモラスでもある。銀行員と隣りの若い女性は、蓋を見ながら笑い合う。

穴があいてしまうアルミの弁当箱。

その欠陥をなくすために開発されたのがアルマイト。アルミニウムの表面に膜を作り、腐食されにくくした。大正末期に理化学研究所で開発された。

昭和十年頃に、商品化され、アルマイト（和製英語）と名づけられた。主として台所用品に利用された。

谷崎潤一郎の『細雪』には、芦屋に住む蒔岡幸子が、隣家のドイツ人の台所に、アルマイトの湯沸しやフライパンがきれいに並べられているのを見て、羨ましく思うくだりがある。昭和十三年（一九三八）頃のこと。アルマイトが新製品として徐々に普及していっている。

子供に人気の花柄の弁当箱

アルマイトの商品でいちばん普及したのは弁当箱ではないか。弁当箱の代名詞になった。

アルマイトの弁当箱が欲しくて欲しくてたまらなかった女の子がいる。

壺井栄原作、木下惠介監督の『二十四の瞳』（一九五四年）に登場する十二人の生徒のうち、家が貧しいため、六年生の時に泣く泣く学校を辞めて働きに出ることになる川本松江という女の子。

この子は、粗末な竹で編んだ弁当箱を持って学校に行く。もうボロになっている。生徒のなかには、アルマイトの弁当箱を買ってもらった子供も多くなっているのだろう、松江も欲しくて仕方がないが、なかなか買ってもらえない。

松江の母親は赤ん坊を産んだあと「産後の肥立ち」が悪く、死んでしまう。家はますます貧しくなってゆく。アルマイトの弁当箱どころではない。

こんな松江を不憫に思った大石先生（高峰秀子）は、松江の家を訪れ、彼女が欲しがっていた百合の花が蓋に描かれたアルマイトの弁当箱を渡す。

カメラは、その楕円形の弁当箱を大きく映し出す。日中戦争が始まった昭和十二年（一九三七）頃のこと。蓋に花鳥の絵柄のある丸いアルマイトの弁当箱は、当時、子供たちのあいだで大人気になっていた。

『この国の空』で、銀行員が穴のあいたアルミニウムの弁当箱を使っているのは、おそらく穴のあかないアルマイトの弁当箱のほうは献納してしまい、仕方なく、以前持っていたアルミニウムの弁当箱を使っていたのだろう。

昭和十年代の東京を舞台にした向田邦子のドラマ『あ・うん』には、アルマイトの弁当箱を開発した者の工場は、景気がいい、というセリフが出てくる。田舎の小学校の子供まで欲しがるのだから、急速に普及していっている。竹の弁当箱に比べ、花柄のアルマイトの弁当箱は、いまふうに言えば「おしゃれ」だった。

現在の子供たちがどんな弁当箱を持っているのかはよく分からないが、戦後も長くアルマイトの弁当箱は使われていた。

エッセイストの平松洋子は食のエッセイ『ひさしぶりの海苔弁』（文藝春秋、平成二十五年）で書いている。

「昭和三十年代の終わりから四十年代のはじめにかけて、父はアルマイトの四角い弁当箱を持参していた」

弁当を作る時、母親が、梅干を御飯のなかに埋めるように入れながら「ふたが溶けちゃって、丸い穴が開くんだからねえ」と言っているのが面白い。アルミニウム時代の日の丸弁当の記憶があるのだろう。

お出かけと外食

ラーメンもライスカレーも関東大震災後から

夫婦でお出かけ

昭和三十年（一九五五）に作られた東宝映画、丸山誠治監督の『男ありて』はプロ野球の監督とその家族を描いたホームドラマの秀作だが、このなかに監督の志村喬が、珍しく奥さんの夏川静江を誘って銀座に出る場面がある。夫婦のお出かけである。夫のほうからいえば奥さん孝行。

奥さんの希望だろう、まず日比谷の宝塚劇場で宝塚の舞台を見て、そのあと、お好み焼屋に入り、夫婦差し向かいで食事をする。

現在では夫婦のお出かけはもう普通のことだが、昭和三十年代にはまだ珍しい。だから夫のほうは少し照れ臭い。それでも奥さんが「わたしもいただこうかしら」とビールを飲んで「ああ、おいしい」というと思わず笑みがこぼれる。

外食は、デパートの食堂で

外食産業という言葉があるように、夫婦で、あるいは家族で外食を楽しむことは現在ではもう当たり前のことになっているが、こういう習慣が小市民のあいだで始まったのは、大正のおわりから昭和のはじめにかけて。西暦でいえば一九二〇年代になってから。

それまでは家族で連れ立って、ましてや夫婦そろって外に食事に出ることは冠婚葬祭など特別な時を除いてまずなかった。男は宴会に出かけても、妻や子供は家にいるのが普通だった。

しかし、大正時代に入って、いわゆる大正デモクラシーの思想が広がってゆくと、そういう男性中心の家父長的な考えが改められ、家族で、夫婦で外に出かけるようになった。

第一次世界大戦後、日本の経済が成長し、大都市を中心にサラリーマンという中産階級が出現していったのも、外食の普及を促した。

東京のデパートでもっとも早く食堂を設けたのは日本橋にあった白木屋で明治三十六年（一九〇三）。明治四十年（一九〇七）にはやはり日本橋の三越が食堂を開いている。

デパートに食堂が出来たことで小市民が家族連れで休日などに銀座や日本橋にお出かけするのが容易になった。

震災後の復興景気を支えた飲食店

外食産業が盛んになったもうひとつのきっかけは大正十二年（一九二三）の関東大震災。被害は大きかったが、その後の東京復興は早かった。復興景気を支えたのが、たやすく店を開ける飲食店だった。

松崎天民《てんみん》の『銀座』（昭和二年、銀ぶらガイド社。のち中公文庫）によれば、関東大震災後『東京の復興は飲食物より』と思はせたほどに、市内の何処へ行つても、先づ第一に店を開いたは、カフエーや小料理屋や、おでん屋や寿司屋の類であった」

震災は古い権威や格式を壊した。それまでの格式の高い料亭にかわって小市民が気軽に入れる飲食店が大量に開店していった。

トンカツ、ラーメン、カレーライスなどが登場するのは震災後。

たとえばトンカツ屋の元祖は東京の御徒町《おかちまち》にあった洋食屋のポンチ軒。昭和はじめにポークカツレツをもとにトンカツを考案した。

昭和十一年（一九三六）の小津安二郎監督作品『一人息子』では、笠智衆演じる元学校の先生が、現在の江東区の砂町あたりでトンカツ屋を開いている。昭和十二年（一九三七）の五所平之助監督作品『花籠の歌』は銀座のトンカツ屋が舞台で、田中絹代が店の看板娘。庶民の御馳走、トンカツが昭和に入って急速に普及しているのが分かる。

ラーメンのはじまりは諸説あるが、普及するのはやはり関東大震災後。昭和五年（一九三〇）にベストセラーになった林芙美子の自伝的小説『放浪記』では、貧乏な彼女がさかんにラーメンを食べたいといっている。小津安二郎の『一人息子』には屋台のラーメン屋が出て来ている。庶民のあいだに普及している。

ライスカレーは夏目漱石の『三四郎』にも出てくるから明治時代からあったことが分かるが、普及するのはやはり震災後、昭和に入ってからだろう。

昭和六年（一九三一）に作られた小津安二郎監督のサイレント作品『東京の合唱《コーラス》』では斎藤達雄演じる中学の先生が、退職後、芝白金三光町あたりで庶民的な洋食屋を開くが、店の自慢はライスカレー。

ちなみに向田邦子のエッセイ「昔カレー」（『父の詫び状』）によれば「金を払って、おもてで食べるのがカレーライス」「自分の家で食べるのが、ライスカレー」。絶妙な定義といえる。

食品サンプルと定価を明示したショーケース

手元に昭和四年（一九二九）に出版された時事新報社家庭部編『東京名物食べある記』という本がある。現在のグルメ・ガイドブックのはしりといえるだろう。

震災後、市民生活が変わった。合理化、大衆化、洋風化が進んだ。家族揃って外食する習慣が広まった。主婦も昔のようにに家にとじこもっているだけでなく、銀座や日本橋、新宿などに出かけ、外食を楽しむようになった。

そこで読者から、どういう店に行ったらいいかとの情報が求められるようになり、時事新報の家庭欄で「食べある記」の連載が始められ、それが好評だったので単行本として出版された。女性の町への進出ぶりをよくあらわしている。

一九二〇年代は、女性の社会進出が広がった時代である。デパートの店員、タイピスト、バスの車掌、電話交換手、美容師、あるいはカフェーの女給など。

彼女たちは自分で働いて得た金で外食を楽しむようになった。昭和九年（一九三四）に作られた小市民映画の代表作、島津保次郎監督『隣の八重ちゃん』では、東京の郊外住宅地に住む女学生の八重ちゃん（逢初夢子）が、お姉さん（岡田嘉子）や、隣りに住む大学生（大日方傳）と銀座に遊びに行き、映画を見たあと、小料理屋で鳥鍋をつつく。

もしかしたら、八重ちゃんのお姉さんは『東京名物食べある記』で店を探したのかもしれない。

この本には、子供のいる家庭の主婦が対象だからだろう、デパートの食堂がたくさん紹介されている。銀座の松屋や松坂屋、日本橋の三越など、昭和に入るとどこも食堂を充実させてゆく。「お子様ランチ」が登場するのもこの時代。

さらに面白いものが登場した。飲食店の入り口に「食品陳列」をしたこと。ウィンドウに食品の見本を置き、定価を明示した。これは画期的な商法だった。

これまで小料理屋などいくらかかるのか分からなかった。それが見本と定価が明示されたことで女性客が飲食店に入りやすくなった。

永井荷風は日記『断腸亭日乗』の昭和十年七月三日に、これは震災後の新風物で大阪から始まったと書いている。

お出かけ、外食。昭和のモダン都市は現代の東京とさほど変わらなくなっている。現代の原型が作られた時代といっていいだろう。

かき氷

夏限定の最高のご馳走

かき氷が贅沢だった時代

まだアイスクリームがいまのように普及していなかった時代、庶民の夏の楽しみは、か《氷》き氷《水》だった。

ガラスの容器にかき氷を入れ、レモンやイチゴのシロップをかけ、匙《さじ》で食べる。見た目も涼しげだし、氷だから冷たく、いっぺんに汗がひく。

デパートの食堂や甘味処だけではなく、通りの小屋掛けの小さな店にもあった。どの店にも、波の絵柄に赤い字で氷とかかれた小旗（氷旗）が掲げられていた。

宮本輝の『泥の河』は、昭和三十年（一九五五）頃の大阪の安治川《あじかわ》べりを舞台に、小学二年生の男の子を主人公にした小説で、当時の庶民の暮しが懐かしく描かれているが、この小説に氷水が出てくる。

子供の両親は川べりに小さな食堂を開いている。客は労働者が多い。主にうどんを出すが、夏になるとかき氷も加わる。

馬車曳《ひ》きの「おっちゃん」は昼過ぎになると、馬を曳いてこの店にやってくると、馬を店の前に待たせ、店で弁当を開く。そして「そのあとかき氷を食べていくのだった」。

昭和三十年頃には、まだ馬に荷車を引かせる馬車曳きがいた。夏は重労働なのだろう。毎日のように、かき氷を食べて暑さをしのぐ。

「おっちゃん」は気のいい男で、信雄という男の子が父親に「氷おくれェな」と言っているのを聞くと「わしのん半分やるさかい、匙持っといで」と親切に声を掛ける。

「一杯のかき氷を、信雄と男は向かい合って食べた」

かき氷が、贅沢だった時代、子供はうれしかっただろう。

昭和二十八年に公開された大映映画、室生犀星原作、成瀬巳喜男監督の『あにいもうと』は、多摩川べりに住む地付きの一家の物語。

父親（山本礼三郎）は多摩川の堤防の石積みをする親方。母親（浦辺粂子）は、川べりで茶店を開いている。パンやまんじゅう、サイダーやラムネ、そして夏にはかき氷を売る。

夏の暑いさかり、看護婦の学校に行っている下の娘（久我美子）が母親の店に帰ってくる。学校は夏休みなのだろう。

炎天下やってきた娘に、母親は何よりもまずかき氷を作ってやる。「暑かっただろう、いま氷かいてあげるから」

かき氷は夏の最高の御馳走だった。

母親はここで面白いことをする。ラムネを一本取りだすと、ぽんと栓を抜いて「これかけると、さっぱりしておいしいよ」。氷レモンや氷イチゴならぬ氷ラムネ。これはあまり見たことがないが、確かにおいしそうだ。

かき氷は夏のあいだのもの。母親の店では夏が終わると、かき氷はやめて、おでんに変わる。夏はかき氷、冬はおでん。定番だった。

大人も子供に帰るかき氷

氷ラムネが出てくる懐かしい映画がもう一本ある。

昭和十六年(一九四一)の高峰秀子の子役時代の作品、井伏鱒二原作『秀子の車掌さん』(原作名は『おこまさん』)。

高峰秀子が山梨県の甲府の田舎町を走るバスの車掌を演じる。季節は夏。運転手(藤原釜足。当時は藤原鶏太)は、町の甘味処でひと休み。

暑いからだろう、かき氷を一人で食べている。途中で、味が薄くなり、おかみさんの姿が見えない隙に、こっそりシロップをかける。それを隣りの席でやはりかき氷を食べていた小さい兄妹がじっと見る。

ばつが悪くなった運転手は子供たちのかき氷にもシロップをかけてやる。笑わせる。いたって気はいい。

この運転手がズボンのベルトのところに手拭を垂らしているのも懐かしい。近年はほとんど見なくなったが、昭和三十年代まではみんなよくこれをしていた。

バス会社の社長（勝見庸太郎）は、ワンマンではあるが、愉快なところもある。氷ラムネが好きなのだ。

客が来ると、かき氷を取り寄せ、振舞い、自分でラムネを開ける。「ポン、シューッ、というのを聞くのが好きなんだ」。ワンマン社長も子供のよう。

清少納言も食したかき氷

氷はいうまでもなく、もともと天然氷が主。清少納言の『枕草子』に「削り氷《ひ》に甘葛《あまづら》入れて、あたらしき金鋺《かなまり》（金属製の椀）に入れたる」と、いまでいうかき氷を食する記述がある。天然氷で当時は貴重品。江戸時代には、富士山の氷が将軍家に献上されたことはよく知られている。

人造氷が普及するようになるのは、明治三十年代になってから。

日露戦争のころ、埼玉県羽生の在の小学校で代用教員をしている青年を描いた明治の代表的な青春小説『田舎教師』（明治四十二年）に、かき氷が出てくる。夏。青年は先輩たちに誘われて町に新しく出来たという湯屋（いまでいうスーパー銭湯のようなところだろう）に出かけてゆく。湯屋のなかにはかき氷屋もある。

「氷見世《こおりみせ》には客が七、八人もいて、この家《うち》の上《かみ》さんが襷《たすき》をかけて、汗をだらだら流して、せっせと氷をかいている」

かき氷が登場する小説の早い例だろう。この頃から一般化している。手元の百科事典には、一八九九年（明治三十二年）、東京の本所業平橋の人造氷製造工場で日産五十トンの氷が生産され、全国に普及していったとある。その結果、田舎町にも、かき氷を売る店が出来たのだろう。

昭和十二年（一九三七）に「朝日新聞」に連載された永井荷風の『濹東綺譚』にも、かき氷が登場する。

老作家の「わたくし」は、隅田川の東、向島の私娼街、玉の井に通い、私娼のお雪と親しくなる。

夏が終わり、九月に入った一日、「わたくし」がお雪を訪ねると、お雪は氷白玉を御馳走してくれる。「わたくし」が、白玉が好きと知っている。お雪は、店に行くのではなく通りを売り歩く「氷屋」から氷白玉を買っている。玉の井のような私娼の家が並ぶ町ではこういう商いが成り立ったのだろう。

夏、一番のおもてなし

山田洋次監督『男はつらいよ』にも、かき氷が登場する。

シリーズ第十三作『寅次郎恋やつれ』（吉永小百合主演、一九七四年）。

寅（渥美清）の実家、柴又のとらや（四十作以降はくるまや）は、だんご屋だが、夏になると、かき氷を出す。客へのサービスの意味もあるのだろう。夏には欠かせない。

吉永小百合演じるヒロインの父親、宮口精二が夏の一日、娘が世話になったと、とらやに礼を言いに来る。

この時、おばちゃん（三崎千恵子）は、氷をかいて、かき氷を作る。

ざっかけないかき氷を客に出す。いかにも気取らない下町らしい。炎天下、やってきた客には、かき氷は最高の御馳走なのではあるまいか。

ハイボールとバー

モダンボーイが主役

行きつけのバー

ハイボール（High Ball）、ウィスキーの炭酸割り。昭和三十年代にハイボールは人気があった。この時代、バーで飲む酒は、たいていハイボールだった。

昭和三十三年（一九五八）に公開された小津安二郎監督の『彼岸花』にハイボールが出てくる。

商事会社の重役、佐分利信が、部下の高橋貞二と銀座の小さなバーに行く。高橋は重役のお伴《とも》なので緊張し切っている。行きつけのバーなのに重役の手前、はじめて来たようなふりをするが、マダム（桜むつ子）にいつものように馴れ馴れしく話しかけられ、冷汗を流す。笑わせる。

ここでカウンターの椅子に座った佐分利信が注文するのは、ハイボール。高橋貞二もそれにならう。いつもはおいしく飲むのに重役のお伴ではさっぱり味がわからない。

別の日、高橋はこんどは一人でやってくる。一人だとやはり気が楽。「南京豆」をつまみにハイボールを飲む。安物だが重役と飲んだときと違ってウィスキーは、「やっぱり自分の金で飲む方がうまいや」

昭和三十年代を象徴

昭和三十二年公開の吉村公三郎監督『夜の蝶』は、高度経済成長期のはじめ、銀座のバーやクラブが社用族でにぎわっている時代の作品。

京マチ子がママの高級クラブには、大企業のお偉方、小沢栄太郎がやってきていつものようにハイボールを飲む。この時代、ハイボールには高級のイメージがあったようだ。

昭和三十二年公開の、原田康子原作、五所平之助監督の『挽歌』は、久我美子演じる小悪魔的な少女と、森雅之演じる妻子ある建築家の悲劇に終わる恋愛劇。昭和三十年代、活気のあった釧路を舞台にしている。

久我美子が仲間の若者たちとにぎわうバーに行く場面がある。このとき彼女が飲むのはハイボール。この酒は次第に日本の社会が豊かになってゆく昭和三十年代を象徴する酒といっていいだろう。

小説にもハイボールは登場する。

昭和三十五年から三十六年にかけて「読売新聞」に連載された松本清張の『砂の器』。蒲田の操作場で男の扼殺《やくさつ》死体が発見された。

その前日、蒲田の小さなバーに五十年配の男と三十歳くらいの男が入ってくる。はじめての客。「女給」が「何を差しあげましょう?」と注文を聞くと、五十年配の男がいう。

「ハイボールにしよう」

このころになるとハイボールは「場末のバー」でも飲まれるようになっている。

モダン都市東京

ハイボールは、スチュワート・フレクスナーの英語辞典"*Listening to America*"によれば、十九世紀の末にアメリカで飲まれるようになったという。当初はスコッチに限られていたが、一般のウィスキーの場合にも使われるようになった。"ball"は、バーテンダーの間のスラングで、グラスのこと。ハイボールは、"tall glass"のことだという。

日本ではいつごろから飲まれるようになったのか。手がかりになるのは、高見順の昭和十年の長篇小説『故旧忘れ得べき』。

出版社に勤める小関という主人公が、ある時、二人の友人と銀座のバーに行く。篠原という友人はモダンボーイで、銀座で遊び慣れている。二人の友人のために注文をしてやる。

それがハイボール。小関はハイボールというものをはじめて飲んだので「これは口当りがいい、ハイボールというウィスキーはいいウィスキーですなあ」といって、友人や女給たちに笑われる。ハイボールとはウィスキーの銘柄だと思っていた。

これを読むと、ハイボールは昭和のはじめ、東京がモダン都市になってゆく頃から飲まれるようになったと思われる。

ボトルキープは大正時代から

ところでバーは日本ではいつごろから現れるようになったのだろう。

民間の碩学、石井研堂（慶応元年－昭和十八年）の明治の文化事物の事典『明治事物起源』（橋南堂、明治四十一年。現在、ちくま学芸文庫）によれば、バーの始まりは、明治の初めに銀座に開店した函館屋という店だったという。スタンド・バーだった。輸入食品や西洋酒を売る店だったから、店の一画をスタンド・バーにしたのではないか。

現在も浅草にある神谷バーは居酒屋風の「平民バー」としてやはり明治のはじめに開店している。洋酒を飲ませるバーは、明治の文明開化とともに日本にもたらされたものだとわかる。

大正時代になるとバーで酒を飲むことは珍しいことではなくなる。志賀直哉の『暗夜行路』（大正十年－昭和十二年）には、主人公の時任謙作《ときとうけんさく》が友人に誘われて清賓亭というバーに行く。驚くのは、この時代にすでにウィスキーのボトルキープがあること。友人は謙作にこういっている。

「清賓亭まで行けば僕のウィスキーが置いてあるが、どうだい、行かないか」

そのバーに行くと、着物姿の若い女性がウィスキーの瓶とソーダ水の瓶を二本持ってテーブルのところにやってくる（ハイボールを作るのだろう。とすると大正時代にすでにあるところにはハイボールがあったか）。

ウィスキーのラベルには緒方のボトルキープであることを示す丸にオの字が書かれている。ボトルキープは戦後に始まったと思っていたが、大正時代にもうあったのか。

昭和十六年の「バアテンダァ」の夢

文士に愛された銀座のバーとして知られるルパン（現在も健在）が開店したのは昭和二年（一九二七）。銀座が関東大震災のあと急速に復興し、モダン都市として発展していった時期をよくあらわしている。昭和のこの時代のバーが出てくる映画がある。

昭和十六年に公開された石川達三原作、今井正監督『結婚の生態』。新聞記者の夏川大二郎がお嬢さん育ちの原節子と結婚する物語。

夏川大二郎は当時、有楽町にあった朝日新聞社に勤めている。仕事が終わると同僚たちと銀座のバーに繰り出してゆく。

この場面を見ると、バーは現在の銀座のしゃれたバーと変わらない。記者たちはみんなソフト帽をかぶっている。いまの新聞記者よりおしゃれかもしれない。

映画が公開された昭和十六年といえば、十二月に太平洋戦争が始まる年だが、そんな緊迫した時代に銀座にはまだおしゃれなバーが健在だったかと驚く。

これは昭和十四、五年のことと思われるが、谷崎潤一郎の長篇小説『細雪』では、蒔岡《まきおか》四姉妹のいちばん下の四女、妙子《たえこ》が好きになる三好という男は「バァテンダァ」をしていて、いずれ神戸に「西洋人向けのバァ」を開くことを夢見ている。しかし、この夢は、戦争の激化によって実現されないだろうが。

あとがき

昭和の市井の人々の暮しのなかに普通にあった衣食住、あるいは遊び、おしゃれ、旅などの生活風俗を拾い集めた。昭和になって普及した新しいものもある。その際、私の評論の対象である映画、文学を手がかりにした。ときには絵画も。つまり「描かれた昭和」である。

ここで昭和というのは、大正十二年（一九二三）の関東大震災のあとから、日中戦争、太平洋戦争を経て、戦後、高度経済成長期の昭和三十九年（一九六四）の東京オリンピック頃までを指している。

というのは、関東大震災の被害は甚大だったが、その反動のように東京の復興は早く、昭和五年（一九三〇）の三月にはもう帝都復興祭が開かれている。そしてそれまでの江戸の残り香が感じられる東京とは違った、近代的なビルが建ち並び、車が走り、地下鉄が走る、新しいモダン都市が出現していった。

そこから「昭和」が始まっていったといっていい。小市民の暮しの場として、現在の杉並区や世田谷区の郊外住宅地が開けていったのも震災後である。

昭和十一年に書かれ、十二年に発表された永井荷風『濹東綺譚』の「作後贅言」（あとがき）には、カフェーやバアが並び、地下鉄とタクシーが走る、にぎやかな銀座の様子が語られている。荷風によれば、銀座のカフェーがにぎわったのは昭和七年の夏から翌年のことだったという。

昭和六年（一九三一）にはすでに満洲事変が勃発している。東北は飢饉で苦しんでいる（「欠食児童」という言葉が使われるようになったのは昭和七年）。共産主義者への弾圧が始まり、昭和八年には作家の小林多喜二が特高に逮捕され、拷問死している。

そんな暗い世相のなかでも他方でモダン都市のにぎわいがある。小市民の平穏な暮しがある。大正十年（一九二一）生まれの評論家、山本七平は『昭和東京ものがたり』（読売新聞社、平成二年）のなかで「いま思うと昭和九年は面白い年であった。それは、戦争も事変も暗殺もない、激動の昭和戦前の静かな間奏曲のような一年だった」と書いている。

そして実は昭和九年に限らず、昭和十六年十二月八日の太平洋戦争勃発まで、「激動の昭和戦前の静かな間奏曲のような一年」が他の年にもあったのではないか。本書の書名を『陽だまりの昭和』としたのはこのことをいっている。

「昭和」を昭和三十九年の東京オリンピック頃までとしたのは、その頃、小市民の暮しが大きく変わって、それまでの暮しのなかにあった「昭和」が次々に消えていったからである。

昭和二十年八月十五日の敗戦は、日本の国のかたちを大きく変えたが、実は人々の暮しは戦前も戦後もさほど変わらなかった。相変わらず「卓袱台《ちゃぶだい》のある暮し」が続いていた。

それが変わってゆくのは、テレビや電気冷蔵庫などの家電製品が普及してゆき、日本人の生活様式が洋風化していった東京オリンピックの頃である。

同時にこの頃から、多くのものが消えていった。蚊帳《かや》、物干台、紙芝居、デパートの屋上の遊園地、鉛筆削り、ミシン、井戸、銭湯、下駄……挙げてゆくと切りがない。

昭和十九年生まれの人間としては、当時は古いものが消えてゆくのは社会が豊かになってゆく、いいことなのだと思っていたが、年を取るにつれて、そうした消えてゆく生活風俗が無性に懐かしくなってきた。

もともと映画を見ても、本を読んでも細かい生活描写が気になるほうなので、映画のなかや本のなかに「かつての昭和」が描かれていると、そこに強く惹かれた。

小津安二郎監督の『東京物語』（一九五八年）には、尾道から東京に出て来た両親（笠智衆、東山千栄子）が下町で美容院を開いている長女（杉村春子）の家に泊まったとき、夕方、父親の笠智衆が二階の物干台で夕涼みをしていると、長女の夫（中村伸郎）が「風呂行きましょう」と銭湯に誘う。「物干台」も「銭湯」もいま次第に消えていっている。

松本清張原作、野村芳太郎監督の『張込み』（一九五八年）では、佐賀市の銀行員の後妻になった高峰秀子が、昼になって雨が降り始めたので、傘と長靴を銀行の夫に届けにゆく。その途中、下駄の鼻緒が切れたので民家の門のところで雨宿りをしながら、鼻緒をすげかえる。こんな、以前はよく見られた光景もすっかり見なくなった。

成瀬巳喜男監督の東京の下町、築地あたりを舞台にした『秋立ちぬ』（一九六〇年）では、町の子供たちが駐車場のような空地で三角ベースをする。懐かしい！私も子供の頃、よくやったものだった。

あるいは、向田邦子はあるエッセイで、昭和十年代の少女時代、当時の郊外住宅地、目黒区の祐天寺あたりに住んでいた時、雨が降ると、傘を持って駅まで父親を迎えに行った思い出を書いている。この「雨の日のお迎え」も近年ではほとんど見なくなった。

映画や本のなかにこういう「失われた昭和」を見つけてゆくことは楽しかった。実際、成瀬巳喜男の映画には随所に「失われた昭和」が描かれており、私がこの監督を好きなのはそのためだったと思う。

日本の国のかたちは、昭和二十年八月十五日の敗戦によって大きく変わったが、市井の人々の暮しは、戦前と戦後はさほど変わらなかった。相変わらず「卓袱台のある暮し」が続いていた。それが変わるのは前述したように東京オリンピックがあった昭和三十九年頃からである。それまでは、暮しの上では、戦前と戦後は連続していた。

一般に昭和を語るとき、「暗い昭和」という言葉が定着している。戦争や不況、暗殺、思想弾圧があったから、そう規定することはやむを得ない。

大正十四年（一九二五）生まれで兵隊体験のある丸谷才一は、体験からいって「戦前も戦後も昭和は、暗かった」と書いている。「暗澹たる昭和期」だった、と（「昭和が発見したもの」、『星のあひびき』集英社、平成二十二年）。

確かにその通りだろう。だから昭和史を語る本は、どうしても政治家や軍人、あるいは暗殺や戦争を語るものが主になる。

それでも、そんな時代にも市井の人々の暮しには穏やかな時間が流れていた。暗い時代にも「陽だまり」があった。いわば「もうひとつの昭和」である。本書は、消えてゆく昭和の時代風俗を拾い集めることで、この「陽だまり」に光を当てたものである。少し大仰ないい方をすれば、「暗い昭和」が死に向かうとすれば、「陽だまりの昭和」は生が輝いている、といってもいいかもしれない。

本書はCONEX ECO-Friendsが発行しているフリーペーパー（小田急線、東武線、京成線の主要駅などで無料で配布された）『コモ・レ・バ？』に、「昭和の風景、昭和の町」という題名で二〇〇九年秋号〜二〇一〇年春号まで連載したものを構成しなおし、まとめた。連載時の編集にあたった二見屋良樹さんに深く感謝する。また、単行本の編集を担当してくれた白水社の杉本貴美代さん、装幀の奥定泰之さん、素敵な装画と挿絵をお描きくださったコーチはじめさんにも、御礼申し上げる。有難うございました。

二〇二四年（昭和九十九年）十二月

川本三郎

人名索引

［あ］

［か］

［さ］

［た］

［な］

［は］

［ま］

[や]

[ら]

[わ]

作品名索引

［あ］

[か]

［さ］

［た］

［な］

［は］

［ま］

［や］

［ら］

［わ］

本書は、フリーペーパー『コモ・レ・バ？』（CONEX ECO-Friends刊）の連載「昭和の風景、昭和の町」（二〇〇九年秋号〜二〇一〇年春号）に加筆修正し、書き下ろし「ハイボールとバー」を加えて書籍化したものである。

著者略歴
一九四四年（昭和十九年）東京生まれ。評論家。
著書『大正幻影』（サントリー学芸賞）、『荷風と東京『断腸亭日乗』私註』（読売文学賞）、『林芙美子の昭和』（毎日出版文化賞、桑原武夫学芸賞）、『白秋望景』（伊藤整文学賞）、『マイ・バック・ページ』、『いまも、君を想う』、『向田邦子と昭和の東京』、『老いの荷風』、『遠い声／浜辺のパラソル』など多数。

陽だまりの昭和

二〇二五年 二 月一〇日 第一刷発行
二〇二五年 五 月二五日 第五刷発行

著 者 © 川《かわ》 本《もと》 三《さぶ》 郎《ろう》
発行者 岩 堀 雅 己
印刷所 株式会社 精 興 社
発行所 株式会社 白 水 社

東京都千代田区神田小川町三の二四
電話 営業部〇三（三二九一）七八一一
編集部〇三（三二九一）七八二一
振替 〇〇一九〇‐五‐三三二二八
郵便番号 一〇一‐〇〇五二
www.hakusuisha.co.jp
乱丁・落丁本は、送料小社負担にてお取り替えいたします。

株式会社松岳社

ISBN978-4-560-09150-0
Printed in Japan
JASRAC 出 2410289-401